GRANDEUR NATURE

LES OURS

Créé par Firecrest Books Ltd
pour AND Cartographic Publishers Ltd.

ISBN : 2-84459-018-7
Imprimé et relié chez Partenaires, France

GRANDEUR NATURE

LES OURS

Bernard Stonehouse

Illustrations de Martin Camm

Traduction de l'anglais par Christine Piot

Place des Victoires

CRÉDITS PHOTOGRAPHIQUES

g : gauche, d : droite, c : centre, h : haut, b : bas

BBC Natural History Unit Picture Library
Pages 14-15 gc, db ; 17 dc ; 19 dc ; 35 dc

Frank Lane Picture Agency
Pages 9 dh ; 12-13 cb ; 18-19 ch, db ; 20 gb ; 23 dc ; 27 dc ; 28-29 ch ;
31 dh, db ; 33 dc, dh ; 34-35 ch ; 36-37 c ; 41 dc ; 42-43 toutes

Minden Pictures / Robert Harding
Pages 22-23 ch

Natural History Photographic Agency
Pages 13 dh, dc ; 16-17 dh ; 18 gb ; 23 db ; 27 dh

Oxford Scientific Films
Pages 8 gb ; 17 cb ; 30-31 ch ; 39 c

Topham Picturepoint
Pages 21 dh ; 22-23 gc, dc

Woodfall Wild Images
Pages 9 dh ; 20-21 ch ; 24-25 gc, c ; 27 cb ; 32-33 ch, db

WorldSat
Toutes les cartes satellites

World Wild Fund for Nature
Logo de WWF page 41

Dessins supplémentaires :
Susanna Addario : pages 19 dh ; 35 dh ; 37 c, dh ; 39 dh
Claudia Saraceni : pages 10 b ; 11 db, dh ; 37 c

Direction artistique et éditoriale : **Peter Sackett**

Édition : **Norman Barrett**

Maquette : **Paul Richards, Designers & Partners**

Iconographie : **Lis Sackett**

Photogravure : **Job Color, Italie**

Impression : **Partenaires, France**

SOMMAIRE

L'OURS, UN CARNIVORE

L'ours, cet imposant cousin du chien, du loup et du lion, est un animal placide, solitaire, qui habite la forêt et la lande.

LIENS DE PARENTÉ
L'ours est un mammifère – un animal à sang chaud qui allaite ses petits. Parmi ceux-ci, il appartient à l'ordre des Carnivores soit des carnassiers, « mangeurs de viande ». Les dix espèces d'ours vivants, ainsi que les fossiles constituent la famille des Ursidés.
Les autres Carnivores auxquels les ours sont apparentés sont les ratons laveurs (Procyonidés), les loutres, belettes, mouffettes et blaireaux (Mustélidés), les chiens, renards, loups et chacals (Canidés), les mangoustes et les civettes (Viverridés), les hyènes (Hyénidés) et les lions, tigres et autres chats (Félidés).

Grizzly d'Alaska

Animal lourd, massif, trapu, l'ours possède un pelage épais, une tête de chien, des oreilles rondes et de solides pattes courtes, un arrière-train incliné et une toute petite queue à peine visible.
Comme ses plus proches parents – chiens, loups, hyènes et autres membres de l'ordre des Carnivores – l'ours possède un système digestif adapté à une alimentation carnée et des dents aptes à déchirer et à trancher la viande. Son instinct de chasseur en fait un habile prédateur d'autres animaux : il prend du poisson, mange de la charogne (animaux généralement tués par d'autres) et chasse dès qu'il a faim. La plupart des ours sont omnivores – ils mangent aussi des végétaux – baies, fruits, feuilles, pousses, racines et bulbes, et même de l'herbe. Les ours polaires sont ceux qui mangent le plus de viande et sont essentiellement des chasseurs.
La plupart des ours sont bruns ou noirs, et ils vivent dans d'épaisses forêts où leur pelage sombre les dissimule presque entièrement. Mais, le grizzly vit dans des forêts plus dégagées et dans la toundra, et l'ours polaire, dans l'Arctique, région de vastes plaines et d'étendue glaciaire.
Des dix espèces d'ours vivants aujourd'hui, le plus grand mesure 2 m, du museau à la

queue, et pèse 680 kg. Le plus petit mesure moins de 1,20 m de long et pèse 90 kg. Mais le plus gros des ours actuels est dépassé par l'énorme « ours des cavernes », une des nombreuses espèces connues par les fossiles qui s'est éteinte il y a 10 000 ans.

Apprendre à connaître les ours

LES DIFFÉRENTS OURS
(voir carte et schéma ci-dessous)

1 L'ours brun d'Eurasie
2 Le grizzly : nord de l'Amérique du Nord
3 Le kodiak : zone côtière de l'Alaska
4 L'ours polaire : Terres arctiques et subarctiques
5 L'ours à collier : Cachemire, Népal, Chine, Japon
6 Le baribal : Amérique du Nord
7 L'ours lippu : Sri Lanka, Inde
8 L'ours des cocotiers ou malais : Birmanie, presqu'île malaise, Bornéo, Sumatra, Chine du Sud
9 L'ours à lunettes : nord-ouest de l'Amérique du Sud
10 Le panda géant : Chine
11 L'ours des cavernes : Europe et Asie
12 L'ours brun de Sibérie : Nord de la Russie

Curieusement, les hommes sont plutôt fascinés par les ours. On aime à les imaginer sages et gentils, un peu comme de grands ours en peluche (voir p. 27). Les scientifiques qui les ont étudiés sont pourtant d'un autre avis. Les ourses sont très maternelles envers leurs petits, qui s'entendent généralement bien et jouent entre eux. Mais, dès que l'ourson a pris son indépendance, il s'éloigne et devient vite un étranger pour sa mère et ses frères. L'animal adulte est solitaire et semble préférer se déplacer seul. Deux ours qui se rencontrent se repoussent et se battent, et le plus petit recule toujours devant le plus grand. Même le mâle et la femelle restent peu de temps ensemble à la saison des amours. L'ourson domestiqué est joueur et curieux mais, dès qu'il grandit, il devient trop fort et destructeur pour vivre auprès des hommes. Attaché ou mis en cage, il s'ennuie et développe de l'agressité ; il faut alors le relâcher, le confier à un zoo ou le tuer. Le zoo le rend paresseux mais rarement affectueux et les gardiens se méfient toujours de ses sautes d'humeur. On peut voir des ours à l'état sauvage dans les réserves des États-Unis. Ils sont alors rarement agressifs envers les hommes, à moins d'être affamés ou agacés, mais il est recommandé de ne pas les approcher ni de les nourrir. Même un ourson est très fort pour sa taille. Ses dents pointues et ses griffes peuvent provoquer de graves blessures.

Panda géant, centre de la Chine.

Petits d'ours brun de l'Himalaya.

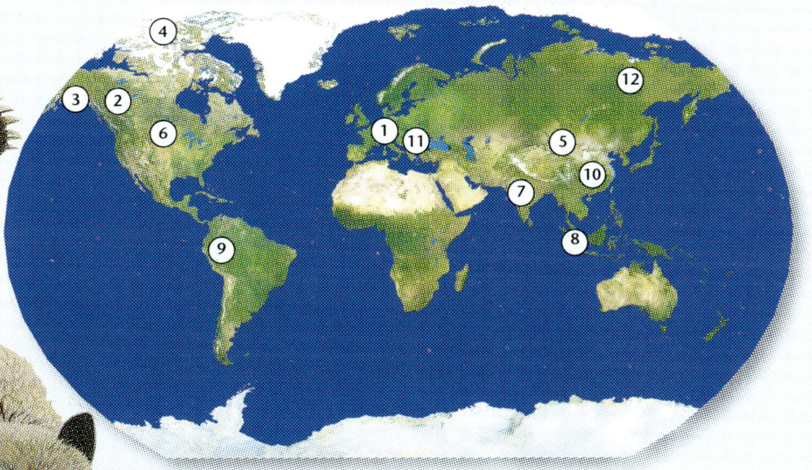

OÙ LES RENCONTRE-T-ON ?
(les chiffres sur le schéma renvoient à la liste en haut de cette page à gauche)
Les ours abondaient autrefois dans toutes les forêts tempérées d'Europe, d'Asie et d'Amérique du Nord. Des contes évoquent la possibilité d'en rencontrer un au fond d'un bois. Il existe encore aujourd'hui beaucoup d'ours sauvages aux États-Unis et au Canada – où ils constituent une attraction pour les visiteurs des réserves forestières –, dans les forêts tropicales d'Amérique du Sud, et les régions boisées d'Asie. Mais en Europe, ils sont devenus rares et on les rencontre surtout dans les forêts des pays de l'Est et les régions montagneuses. De nombreux ours polaires arpentent encore librement les terres arctiques.

EMPREINTES DE PAS

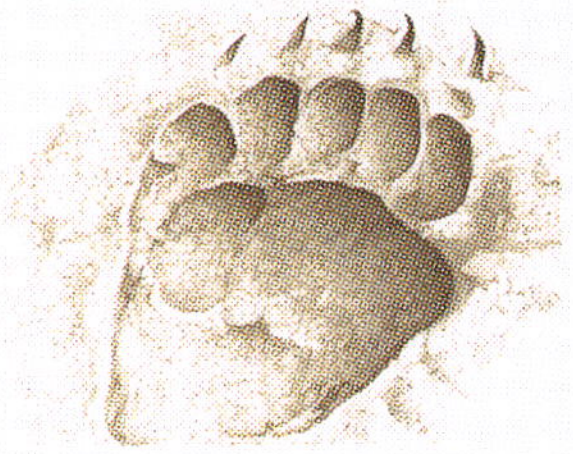

Si vous êtes dans une région « à » ours, essayez de repérer dans la neige ou la boue de grandes empreintes de pas à cinq doigts et de longues et profondes griffures sur l'écorce des arbres. Mais ATTENTION, si les ours ne sont pas féroces ils ne sont pas non plus nécessairement doux.

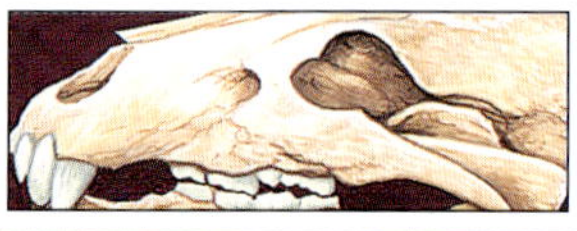

OURS DES CAVERNES

Il y a dix mille ans, les ours qui sillonnaient les forêts d'Asie et d'Europe étaient beaucoup plus grands que ceux d'aujourd'hui.

INFORMATIONS

Type :	Carnivores (carnassiers)
Famille :	Ursidés (ours)
Nom latin :	*Ursus spelæus*
Couleur :	Inconnue, probablement brun foncé
Longueur :	Jusqu'à 3 m
Hauteur :	1,40 m à l'épaule
Poids :	Probablement jusqu'à 1 500 kg
Localisation :	Europe méridionale du sud de l'Angleterre à la Turquie, y compris le nord de l'Espagne, l'Italie et la Grèce.

DENTS

Les premiers animaux assimilés aux ours étaient des carnassiers, dotés de petites dents pointues et de carnassières, dents tranchantes disposées de chaque côté de la mâchoire comme en ont les chiens actuels. Leurs molaires étaient très petites. Comme les chiens ils déchiraient et tranchaient leurs morceaux de viande, avalés par bouchées entières. À mesure qu'ils ont évolué les ours des cavernes ont conservé, comme les ours actuels, leurs longues canines aiguisées (utiles lors des combats), mais leurs carnassières tranchantes ont diminué au profit de grosses molaires.

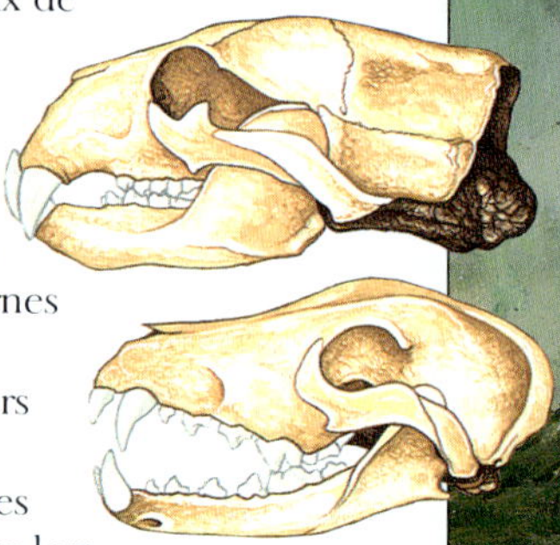

LES OURS DES CAVERNES

Les ours des cavernes vivaient dans une vaste étendue de forêts qui couvrait toute l'Europe centrale et méridionale depuis l'Espagne du Nord jusqu'à la Russie du Sud. Ils se sont éteints lors de l'arrivée, sur les mêmes territoires, des ours bruns et des hommes.

Les tout premiers ours n'étaient pas plus grands que les plus petits d'aujourd'hui mais, très vite, des ours de taille beaucoup plus importante apparurent dans le monde entier. On les connaît par leurs ossements et leurs dents car ils avaient des os très robustes qui, fossilisés, se sont conservés à travers les âges.

En Europe, un ours montagnard et forestier, de très grande taille, est apparu il y a plus de 200 000 ans. Il a laissé des milliers d'ossements, retrouvés dans des cavernes et abris rocheux dans toute l'Europe centrale, ce qui lui a valu le nom d'« ours des cavernes », *Ursus spelæus*.

Il est probable que ces ours s'abritaient dans les grottes pour l'hiver, comme le font ceux d'aujourd'hui, et qu'ils y mouraient au cours de leur léthargie. On a retrouvé dans une de ces cavernes les restes de 30 000 ours, accumulés au cours de plusieurs dizaines de milliers d'années.

Des ossements d'ours des cavernes ont été découverts en France, en Allemagne, dans le sud de l'Angleterre, en Espagne, en Italie et Europe centrale, jusqu'en Grèce. D'aspect comparable aux ours bruns actuels, ces ours avaient une tête plus volumineuse et le front bombé. La longueur de leurs os laisse supposer que les plus grands devaient mesurer 1,50 m à l'épaule et, dressés, plus de

Les ancêtres de l'ours

3 m de haut. Les ours des cavernes étaient les plus grands mammifères des forêts de l'époque. En dépit de leur grande taille, ce n'étaient pas de féroces prédateurs. Leurs dents étaient davantage faites pour broyer que pour trancher, et ils se nourrissaient principalement de végétaux. Ils prospérèrent pendant plus de 200 000 ans et étaient encore nombreux il y a 30 000 ans, à l'arrivée des premiers hommes en Europe. Ces hommes les chassèrent mais ils déclinèrent surtout à cause des ours bruns, qui se multiplièrent à cette époque ; ceux-ci leurs disputèrent probablement la nourriture et le territoire. Les derniers ours des cavernes disparurent il y a environ 10 000 ans.

Il ne subsiste aujourd'hui, des plus lointains ancêtres des ours actuels, que les os fossilisés de petits animaux pas plus gros qu'un chien. Ils vivaient il y a environ 20 millions d'années, chassant probablement par petits groupes dans de vastes étendues de plaines, comme les actuels chacals. Certains commencèrent à vivre en forêt et, au fil des millénaires, à grandir et à grossir pour mieux se frayer un chemin dans les broussailles des sous-bois et se défendre contre des prédateurs plus puissants.
Il est probable aussi que leur pelage s'est épaissi pour leur permettre de supporter des climats plus rudes, en montagne et dans les forêts nordiques. Leur denture changea également : leurs dents tranchantes, de part et d'autre de la mâchoire, diminuèrent au profit de grosses dents broyeuses du fond, mieux adaptées à un régime alimentaire végétarien. Des dizaines d'espèces différentes virent alors le jour.
Il y a 3 millions d'années apparut l'*Ursus minimus* (petit ours) qui peut être considéré comme un véritable ours. Sans doute ressemblait-il à l'ours des cocotiers, le plus petit ours actuel. De cet ours sont issues les différentes espèces d'ours bruns, noirs, et les ours des cavernes. Avant l'arrivée de l'homme, de vastes zones étaient couvertes d'épaisses forêts. Les ours ont pu se multiplier sous les climats tempérés et tropicaux, donnant naissance, au sein de populations éloignées, aux différentes espèces d'ours bruns et d'ours noirs, de couleurs et de tailles différentes, connues aujourd'hui. Maintenant que l'homme a défriché les forêts, il ne reste dans le monde que quelques poches isolées où l'ours peut survivre.

GÉANTS DU MONDE ANIMAL

Les ours des cavernes n'étaient pas les seuls animaux géants de l'époque.

- Le grand cerf, beaucoup plus grand que le cerf commun actuel, avec des bois de 4 m de haut, était très commun dans les plaines d'Europe.
- Le grand rhinocéros, deux fois plus gros que les animaux actuels, avec des cornes de 2 m de long sillonnaient la Russie du Sud et l'Europe.
- Les mammouth, apparenté à l'éléphant actuel, mais presque deux fois plus gros pour certains, vivait dans le nord de la Russie.
- Un castor de la taille d'un petit veau peuplait les rivières d'Amérique du Nord.
- Un grand paresseux, pesant dix fois plus que le paresseux d'aujourd'hui, a survécu jusqu'à une époque récente en Patagonie.

Il existait aussi des espèces de petite taille, moins spectaculaires : de petits éléphants de 1 mètre de haut et des hippopotames pas plus gros qu'un grand chien. Il se produisit alors d'importants changements de climat et de végétation, auxquels les animaux tentèrent de s'adapter par des formes aussi viables que celles qu'ils présentent aujourd'hui.

GRAND CERF

GRAND RHINOCÉROS

MAMMOUTH

GRAND CASTOR

GRAND PARESSEUX

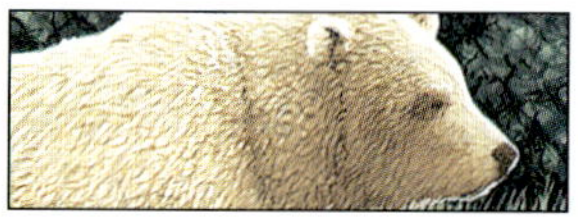

OURS BRUN D'EURASIE

Les ours bruns parcouraient autrefois librement l'Europe et l'Asie. Aujourd'hui, ils ne survivent plus que dans les territoires que l'homme ne peut exploiter.

INFORMATIONS

Type :	Carnivores (carnassiers)
Famille :	Ursidés (ours)
Nom latin :	*Ursus arctos*
Couleur :	Variée, du fauve clair au brun foncé
Longueur :	Entre 1,40 m et 1,80 m
Hauteur :	Jusqu'à 1 mètre à l'épaule
Poids :	Jusqu'à 320 kg
Localisation :	Scandinavie, Russie, Asie centrale, Syrie, Tibet, Chine, Japon

OÙ LES RENCONTRE-T-ON ?

On rencontre encore des ours bruns partout où subsiste une vaste forêt épaisse et sauvage, protégée par une réglementation de la chasse. En Europe, il en reste quelques petites populations au nord-est de la Finlande, en Norvège et en Suède du Nord, en Estonie, en Biélorussie et dans l'ouest de la Russie. Plus au sud, on en voit dans les Pyrénées, dans le Parc national des Abruzzes et dans la vallée du Trentin en Italie du Nord. Des groupes plus importants peuplent les montagnes de Bosnie-Herzégovine, de Yougoslavie, d'Albanie et de Macédoine ; quelques groupes épars se rencontrent en Hongrie, Roumanie, Slovaquie et Pologne. Les ours bruns sont beaucoup plus nombreux en Asie du Nord. Les forêts du nord de la Sibérie en abritent plusieurs milliers, la Chine du Nord et la Mongolie, un nombre inconnu, et les forêts de Hokkaïdo et des diverses îles du Japon, quelques milliers. En Asie du Sud, ils s'étendent, par groupes probablement plus restreints, dans toute la zone montagneuse allant de la Syrie et de l'Iran jusqu'en Inde du Nord, au Pakistan, en Afghanistan et au Tibet.

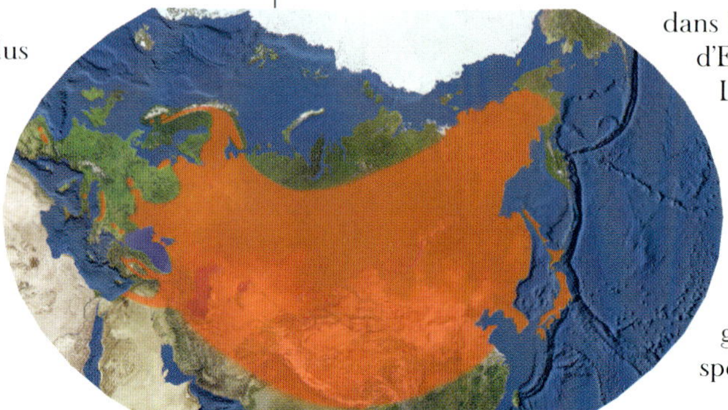

Au Moyen Âge, quand l'Europe possédait encore de vastes forêts, il n'était pas rare de rencontrer un ours brun aux abords des villages et des villes. Ils étaient redoutés et des histoires couraient sur leur puissance et leur férocité. On disait qu'un ours pouvait renverser un bœuf d'un coup de patte et l'emporter dans sa tanière. Pour les chevaliers, il était un symbole de force qu'ils représentaient sur leurs boucliers. Les peaux d'ours étaient appréciées comme couvertures et tentures, et la graisse d'ours servait de remède contre la douleur.

Les ours bruns d'Europe et d'Asie ont des pelages de couleurs variées, allant du fauve clair au brun foncé. Ceux de Chine et du Tibet tendent vers le bleu-gris ou le fauve, tandis que les ours d'Europe et de Russie sont plus franchement marron. Mais, deux oursons de la même portée peuvent être de couleurs très différentes.

Les ours bruns varient aussi en taille. Ceux de Sibérie orientale sont presque aussi grands que des kodiaks et des grizzlys. En revanche, les plus petits sont d'une taille nettement inférieure : les ours bruns de Syrie mesurent à peine plus de 1,50 m et ne pèsent que 140 kg environ. Ils sont plus dociles et ce sont ceux que l'on voit le plus souvent dans les zoos d'Europe. Les zoos de Russie et des États-Unis en accueillent souvent de plus grands, plus spectaculaires.

Pourquoi l'ours est-il devenu rare ?

REPRODUCTION
Les ours bruns d'Eurasie s'accouplent en mai et juin. Aux premières neiges en novembre, les femelles se retirent pour dormir dans leur tanière, une grotte ou un abri creusé dans une levée de terre. Les petits – de 350 g – naissent, par portées de deux ou trois, en janvier ou février. Ils se développent pendant 8 à 10 semaines, en tétant leur mère et en dormant. En mars ou avril, la famille sort en plein air et les oursons apprennent avec leurs mères à trouver leur nourriture.

Ours brun de la forêt bavaroise, Allemagne.

Il y a 10 000 ans, de vastes régions d'Europe et d'Asie étaient encore couvertes de forêts. Au Nord, s'étendaient des forêts de bouleaux, de mélèzes, de pins et d'épicéas, comme on en rencontre aujourd'hui en Scandinavie et en Russie du Nord. Dans le Sud, c'étaient des forêts de chênes, de frênes, de hêtres et autres arbres à feuilles caduques – comme il en subsiste quelques zones en Europe centrale et méridionale. Les ours bruns partageaient ces territoires avec des cerfs, des loups, des blaireaux, des castors et des dizaines d'autres espèces de mammifères. Les premiers hommes qui, venus d'Afrique, s'installèrent en Europe et en Asie, étaient des chasseurs qui exploitèrent les forêts sans les détruire. Il est très probable qu'ils chassèrent l'ours, pour sa fourrure, sa viande, sa graisse et ses os. Puis, quand les hommes commencèrent à se sédentariser et à pratiquer l'agriculture, ils défrichèrent les terres pour créer des champs et des pâturages. Les forêts, en particulier les forêts méridionales, d'espèces caduques,

Les ours bruns ne s'éloignent guère de la forêt.

disparurent. Les animaux qui les peuplaient, et notamment ceux qui tuaient le bétail, furent considérés comme dangereux. Avec l'augmentation de la population, les forêts reculèrent au profit de terrains cultivés puis de villes, réduisant d'autant le territoire des ours. Aujourd'hui, la plupart des forêts d'Europe méridionale ont ainsi disparu : les petites zones restantes sont trop réduites pour abriter des animaux de grande taille. Les ours bruns ont donc aussi disparu dans presque toute l'Europe. Les survivants sont maintenant protégés par des mesures gouvernementales. Certains groupes sont pleinement protégés, d'autres sont soumis à la chasse mais avec un quota annuel. Il faut parfois les empêcher de nuire quand les zones agricoles côtoient la forêt. Il subsiste de très vastes régions de forêts naturelles en Sibérie et ailleurs en Asie, où les ours bruns sont nombreux. À Hokkaïdo, au Japon, des ours bruns ont longtemps représenté une menace pour les agriculteurs des montagnes, tuant chevaux, bovins et moutons.

Femelle d'ours brun d'Eurasie avec trois petits à l'entrée de sa tanière.

LES DERNIERS OURS

Au Danemark, les ours bruns disparurent il y a 5 000 ans. Dans le reste de l'Europe ils survécurent plus longtemps, mais s'éteignirent progressivement à mesure que les terres cultivées remplaçaient la forêt. Les derniers ours britanniques ont disparu des forêts méridionales il y a un peu plus de 1000 ans. En Allemagne, les forêts de Bavière ont abrité des ours bruns jusqu'en 1836. Les Suisses tuèrent leurs derniers ours vers 1904. Il en resta encore quelques-uns dans les Alpes françaises jusqu'en 1937. Aujourd'hui, presque tous les pays européens qui possèdent des régions montagneuses et forestières conservent une petite population d'ours bruns, qu'ils s'efforcent de protéger des chasseurs.

L'OURS BRUN DE SIBÉRIE

Les forêts montagnardes de la Sibérie orientale abritent le plus prospère et le plus gros des ours d'Eurasie.

INFORMATIONS

Type :	Carnivores (carnassiers)
Famille :	Ursidés (ours)
Nom latin :	*Ursus arctos*
Couleur :	Variée du blond au brun foncé
Longueur :	1,60 m-2 m
Hauteur :	1m à l'épaule
Poids :	Jusqu'à 450 kg
Localisation :	Sibérie orientale

Les péninsules du Kamchatka et de Tchoukches, à l'extrémité orientale de la Sibérie, sont montagneuses et couvertes de forêts de pins, d'épicéas et de bouleaux. Le long de la côte arctique, la forêt se raréfie pour se transformer d'abord en taïga puis en toundra formée de végétation basse de l'Arctique. Plusieurs milliers d'ours bruns de Sibérie vivent dans la forêt et la taïga, peut-être aussi dans la toundra, dont quelques-uns parmi les plus gros de toute l'Asie.

Ceux-ci ne constituent pas une espèce à part : ils bénéficient de conditions de vie presque idéales pour les ours bruns et peuvent donc atteindre leur plein développement et de hautes densités de population. Ces régions abritent également d'autres animaux de la forêt.

Difficile de savoir pourquoi cet habitat convient si bien aux ours bruns. Il semble qu'il leur procure des aliments en abondance tout au long du printemps, de l'été et de l'automne, et de très nombreux abris chauds et confortables pour leur sommeil hivernal. La saison la plus critique pour eux est l'automne, lorsqu'ils doivent engraisser avant de dormir tout l'hiver. La richesse du pays en poissons et en baies en juillet et août, quelquefois jusqu'en septembre, est sans doute essentielle car elle leur assure un sommeil paisible tout l'hiver et un réveil sans soucis au printemps.

LE PARADIS DE L'OURS

Les forêts humides et fraîches des montagnes de la Sibérie du Nord-Est offrent aux ours bruns d'Asie l'un des meilleurs habitats qui subsistent. La population y est de faible densité et concentrée dans quelques villes et bourgades. Excepté à proximité des habitations, les chasseurs et bûcherons sont donc rares et les ours sont peu dérangés dans leur vie quotidienne et leurs activités saisonnières. On rencontre dans cette région quelques-uns des ours bruns les plus grands – ils sont presque aussi gros et lourds que les kodiaks (pp. 18-19), qui vivent dans des habitats similaires en Amérique du Nord, juste de l'autre côté de l'océan Pacifique.

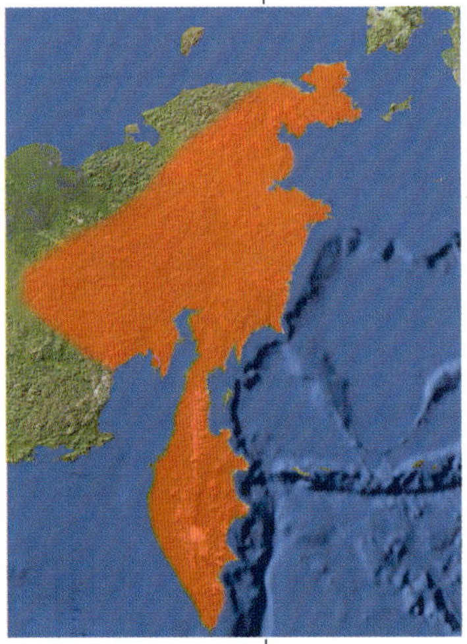

Calendrier sibérien

DENSITÉ AU MÈTRE CARRÉ

Les ours bruns ont besoin de vastes territoires de chasse. Dans beaucoup de forêts du monde, un ours doit pouvoir disposer de 25 à 50 km², qu'il arpente en permanence pour se nourrir suffisamment. Aussi, une zone de 500 km² est-elle censée compter de 10 à 20 ours, selon la quantité de nourriture disponible. Or, dans les forêts du Kamchatka, les scientifiques russes ont dénombré cinq fois plus d'ours dans des zones de cette superficie et, en certains endroits, jusqu'à vingt fois plus d'ours, tous gros, gras et en bonne santé. Les régions les plus favorables sont les vallées fluviales où la pêche est particulièrement fructueuse, ce qui suggère que, pendant quelques semaines par an, le saumon constitue une part importante du régime alimentaire de l'animal, et contribue certainement à la formation des réserves de graisse dont il a besoin pour traverser son long sommeil hivernal.

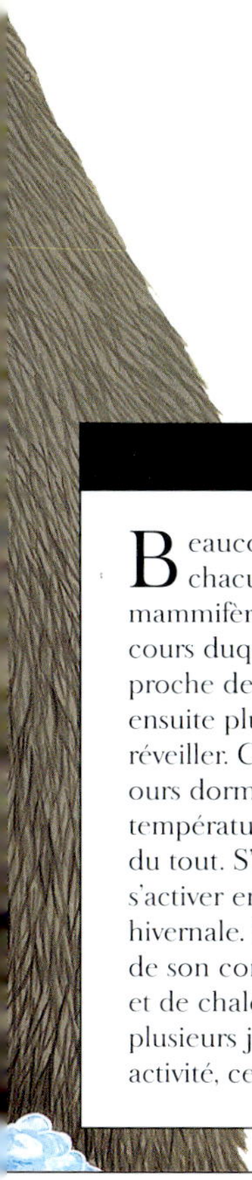

◄ HIVER

Les hivers sont longs dans cette région du monde. Le sol est couvert de neige pendant quatre à cinq mois par an, et la nourriture rare. À la fin octobre et en novembre, les ours recherchent une tanière ou un endroit abrité – grotte, anfractuosité, cavité sous un rocher ou sous des troncs d'arbres abattus, caverne creusée au bord d'un cours d'eau. Chacun trouve son abri, où éventuellement il a déjà passé un hiver précédent. Il y installe un épais tapis de fougères, de branchages, de feuilles et d'herbes sèches, sur lequel il se couche pour dormir. Qu'il gèle, qu'il pleuve ou qu'il vente, quelle que soit la rigueur du climat, l'ours reste ainsi tranquille, sans bouger jusqu'en mars.

PRINTEMPS

Les mâles sont les premiers à quitter leur tanière en avril, suivis quelques jours plus tard par les femelles et leurs petits. Il fait encore froid, et la nourriture rare. Ils grattent les dernières plaques de neige pour trouver des baies, des cynorrhodons, des pommes de pin et de l'herbe sèche. Ils peuvent aussi se nourrir de saumons morts, de carcasses de rennes, d'élans ou d'autres animaux n'ayant pas survécu au froid. Huit ou quinze jours plus tard, apparaissent les premières pousses d'herbes et de plantes printanières ; les bourgeons des arbres et des arbustes éclatent, autant de bons aliments pour les ours affamés. Ceux qui vivent près des côtes peuvent aussi trouver sur le rivage des poissons, des phoques ou même des baleines échouées.

◄ ÉTÉ

À partir du mois de juin, l'herbe, la végétation pousse vite, et les jeunes pousses sont riches en sucres et en protéines. Les arbres et les arbustes se remettent à croître, pour le plus grand bien des ours qui mâchent les nouvelles tiges bien tendres avec leurs larges molaires. Les jeunes arbres leur fournissent une écorce nourrissante dont ils arrachent de longues bandes avec leurs griffes pointues. Le sol est devenu assez meuble pour qu'ils puissent y chercher des racines, des fourmilières, des nids de souris, de lemmings, d'écureuils et autres petits rongeurs. Les oies et les canards qui nichent sur le sol les approvisionnent en œufs succulents et nourrissants, et les petites bêtes commencent à abonder.

AUTOMNE

Les étés sont courts. En juillet, la croissance de la végétation est terminée. Les graines, baies et fruits se forment, fournissant aussi aux ours une excellente nourriture. Ceux qui vivent au bord des cours d'eau passent alors leurs heures de veille à pêcher : c'est l'époque où le saumon et l'omble chevalier remontent le courant pour frayer. Les ours oublient alors leurs rivalités pour s'assembler le long de la rive et attraper le saumon avec les dents ou le sortir de l'eau d'un coup de patte. Cette activité se poursuit pendant cinq à six semaines. Quand le saumon a disparu, il reste assez de baies et de fruits avant que l'hiver ne s'installe.

LES OURS HIBERNENT-ILS ?

Beaucoup d'animaux dorment pendant l'hiver, chacun à sa manière. Les loirs et autres petits mammifères s'endorment d'un sommeil profond au cours duquel leur corps descend à une température proche de celle de leur environnement. Il leur faut ensuite plusieurs heures pour se réchauffer et se réveiller. C'est ce qu'on appelle l' « hibernation ». Les ours dorment d'un sommeil beaucoup plus léger. La température de leur corps baisse très peu, ou pas du tout. S'ils sont dérangés ils peuvent bouger et s'activer en quelques minutes. C'est la « léthargie » hivernale. Si l'ours hibernait et que la température de son corps baissait, il dépenserait moins d'énergie et de chaleur pendant l'hiver mais et il lui faudrait plusieurs jours pour se réchauffer et reprendre son activité, ce qui l'exposerait alors aux prédateurs.

Femelle d'ours brun de Sibérie avec son petit.

GRIZZLY

Le grand ours gris-brun de la forêt et de la toundra d'Amérique du Nord-Ouest. Même les jeunes ont l'extrémité de leur poil gris.

INFORMATIONS

Type :	Carnivores (carnassiers)
Famille :	Ursidés (ours)
Nom latin :	*Ursus horribilis*
Couleur :	Variée, du blond au brun-gris
Longueur :	1,60 m à 2 m
Hauteur :	1 m à l'épaule
Poids :	Jusqu'à 400 kg
Localisation :	Alaska, Canada du Nord-Ouest, montagnes Rocheuses des États-Unis

QU'EST-CE QU'UN GRIZZLY ?

Les grizzlys sont les ours bruns de l'Amérique du Nord. Pour certains scientifiques, ils ne sont pas différents des autres ours bruns d'Asie et d'Europe et devraient porter le même nom : *Ursus arctos*. D'autres pensent qu'ils diffèrent des autres ours bruns et qu'il existe 80 sortes de grizzlys en Amérique du Nord, formant chacun une espèce.
La couleur de leur pelage varie du fauve clair au brun presque noir. Ils sont en général plus gros et plus poilus que les baribals. Leur tête, de profil, est concave (comme un plat creux) ce qui leur donne un front haut et un nez légèrement retroussé, et leurs épaules présentent une protubérance particulière.

OÙ VIT-IL ?

Le grizzly se rencontre en Alaska, dans le Yukon et les États du Nord-Ouest, dans les îles Banks (Grand Nord canadien), en Colombie britannique, dans l'Alberta de l'Ouest et aux États-Unis (montagnes Rocheuses). Dans le Sud, ils vivent surtout dans l'épaisse forêt de montagne, apparaissant dans les prairies et les plaines fluviales. Dans le Nord aride, on les rencontre dans la toundra, souvent près des rivières dans lesquelles ils trouvent du poisson au printemps et en été.

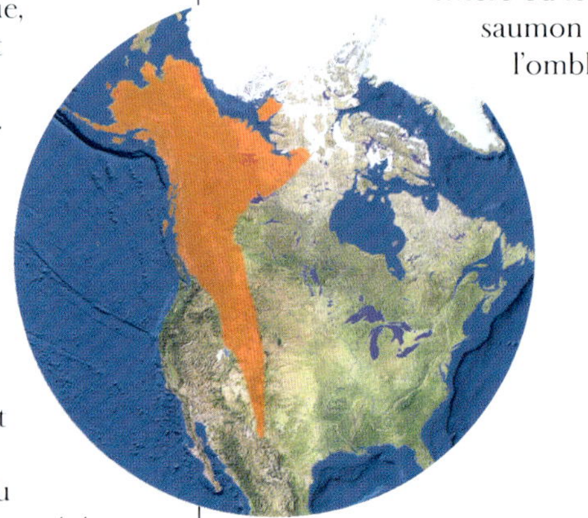

Les premiers colons américains commencèrent à rencontrer de ces grands ours bruns au cours de leur avancée vers l'ouest, dans les forêts des contreforts des montagnes Rocheuses. C'étaient des animaux beaucoup plus gros et au pelage plus épais que les baribals qui leur étaient familiers, et ils ressemblaient davantage aux ours bruns des forêts européennes.
Leur pelage, dont la couleur varie du beige clair au brun très foncé presque noir, comporte souvent de longs poils aux extrémités grises appelés « poils de couverture » ou « jarres », qui leur donne un aspect grisonnant ou « grizzlé ». Leur taille et leur couleur pourraient faire croire qu'ils sont âgés, alors que ce n'est pas le cas. Même les jeunes possèdent ces poils à l'extrémité grise, c'est pourquoi les pionniers les ont baptisés « grizzlys » (en anglais « grisonnant »). Plus tard, les explorateurs et les chercheurs d'or qui allaient vers le Nord, au-delà de la forêt, furent surpris de rencontrer ces mêmes gros ours brun et gris dans la toundra.
Les grizzlys sont des ours trapus, au pas lourd, qui dorment le jour pour ne sortir que la nuit. Les adultes sont le plus souvent solitaires. Ils peuvent se réunir autour d'une source abondante de nourriture – une rivière où le saumon ou l'omble chevalier moucheronne – mais ils préfèrent s'éviter. Occasionnellement, à l'époque des amours en juin ou juillet, on peut voir des couples. Une femelle attire souvent deux ou trois mâles qui la suivent à distance, en s'intimidant mutuellement et se combattant. On les entend alors gronder et grogner.
Les mâles comme les femelles engraissent pendant l'été et à l'automne, pour emmagasiner de la graisse sous la peau et dans l'abdomen. À l'arrivée du froid, ils cherchent une grotte ou creusent un abri dans le flanc d'un talus pour s'installer et dormir entre 3 et 4 mois.

ALIMENTATION

Au printemps, lorsque le grizzly se réveille, il parcourt une zone de plusieurs kilomètres carrés à la recherche de lieux où trouver de la nourriture, et il refait régulièrement le même trajet après plusieurs jours. Il mange de jeunes pousses et des feuilles, et arrache l'écorce

Grizzlys jeunes

des arbres pour en mâcher les couches tendres, sucrées et riches en minéraux. Il se nourrit aussi d'insectes, de lézards, d'oiseaux et de leurs œufs, de petits mammifères et de charognes. Quand il entend bourdonner des abeilles, il grimpe à l'arbre ou le renverse pour atteindre le nid et se régaler de larves, de cire et de miel.

Dans les cours d'eau, il recherche les coquillages et pêche des saumons. Les jeunes ours parviennent à attraper des petits cervidés mais les plus vieux ne sont en général pas assez rapides. Si son territoire inclut une ferme, le grizzly peut aussi tuer un bovin ou un ovin.

À l'automne, il recherche les gros oisillons qui ne volent pas encore, et va dans la forêt et la toundra manger des baies et des fruits qu'il mâche continuellement. C'est une période difficile pour le grizzly car s'il ne se nourrit pas assez, il risque de se réveiller affamé pendant l'hiver.

Grizzly se dressant pour mieux voir les alentours.

Où peut-on voir les grizzlys ?

Si les grizzlys étaient nombreux autrefois dans tout le nord-ouest de l'Amérique, la chasse et le défrichage des forêts en ont réduit le nombre. Aujourd'hui, ils sont familiers aux gardes forestiers et aux chasseurs. Les grizzlys fréquentent régulièrement les réserves nationales et chaque année plusieurs d'entre eux sont tués par des chasseurs autorisés. Le Yellowstone National Park, dans les États du Wyoming, du Montana et de l'Idaho, accueille une population prospère de grizzlys. Les autorités du parc tentent de les surveiller pour que les visiteurs puissent se déplacer et camper sans risque. Les ours sont actifs de la fin du printemps à la fin de l'automne et davantage de nuit que de jour. Les visiteurs sont invités à ne pas abandonner de nourriture ni de déchets susceptibles de les attirer. À une certaine époque, on pouvait voir des grizzlys dans la décharge située à la périphérie de la ville de West Yellowstone, dans le Montana. Quand la nourriture devenait rare, à la fin de l'été ou en automne, une vingtaine d'ours venaient parfois fouiller parmi les détritus. Le danger apparut quand les ours commencèrent à s'aventurer dans la ville. Les grizzlys sont aussi très nombreux dans le Glacier National Park, en Colombie britannique, et dans beaucoup d'autres parcs et réserves, dans les régions montagneuses de l'Ouest, en Alaska, et dans la lande au nord du Canada.

Photographes braquant leurs objectifs sur des ours, en Alaska.

LE GOÛTER DES GRIZZLYS

Si vous cherchez à voir des grizzlys, soyez très vigilants. S'ils peuvent vous paraître doux et inoffensifs, ils sont généralement affamés et en quête de nourriture. Qu'ils ne vous prennent pas pour leur goûter ! Suivez les conseils des autorités du parc. Ne leur donnez pas à manger ; ne laissez pas de nourriture pour eux ; et surtout ne prenez aucun risque avec eux.

OURS KODIAK

Le plus grand de tous les ours. Il vit dans les forêts fraîches et humides de la côte de l'Alaska, où il se nourrit de saumon, l'été.

INFORMATIONS

Type :	Carnivores (carnassiers)
Famille :	Ursidés (ours)
Nom latin :	*Ursus middendorffi*
Couleur :	Variée, typiquement brun
Longueur :	2,60 m-3 m
Hauteur :	1,40 m à l'épaule
Poids :	Jusqu'à 780 kg
Localisation :	Île Kodiak et régions côtières avoisinantes en Alaska

QU'EST-CE QU'UN OURS KODIAK ?

Un kodiak est un genre d'ours brun qui vit le long de la côte méridionale de l'Alaska, sur l'île Kodiak et les autres petites îles voisines. Il ressemble au grizzly mais il est plus gros. Les mâles sont en général plus imposants encore que les femelles, dont certaines, d'âge mûr, peuvent aussi être très grosses.

OÙ PEUT-ON EN VOIR ?

L'île Kodiak et la côte méridionale de l'Alaska sont couvertes de forêts épaisses, mais on peut se rendre dans les petites villes côtières et dans les ports de pêche et voir des ours dans les réserves naturelles et refuges, en particulier à l'époque du frai des saumons en juillet et août.

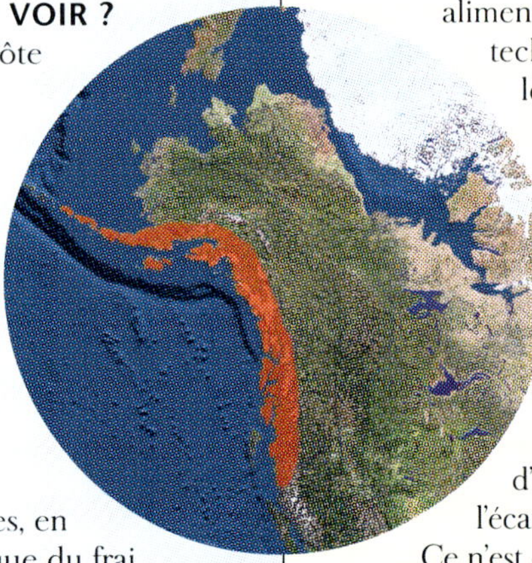

Comme l'ours brun d'Europe et d'Asie, l'ours kodiak vit, en animal paisible et solitaire, dans la forêt épaisse et la lande. Proche du grizzly (pour certains scientifiques il appartient à l'espèce des ours bruns), il habite la bande côtière de l'Alaska et un groupe d'îles avoisinantes – l'île Kodiak et ses voisines. Rien de remarquable ne le distingue si ce n'est sa grande taille : l'ours kodiak est le plus grand des ours vivants aujourd'hui.

Il est aussi bien connu des scientifiques qui l'ont observé, ont étudié ses comportements sociaux et ont pu lui agrafer un numéro pour le distinguer individuellement.

Les ours kodiaks sont parmi les premiers à avoir été pourvus d'un collier émetteur radio et leurs déplacements dans l'ingrate contrée montagneuse qui est la leur sont ainsi surveillés.

Comme tous les ours bruns, l'ours kodiak passe tous les hivers à dormir dans sa tanière pendant trois à quatre mois, de novembre à mars. En janvier, les femelles mettent au monde deux ou trois petits, puis sortent à l'air libre quand la température commence à devenir plus clémente. Elles gardent leurs petits à leurs côtés pendant un ou deux ans.

Les oursons apprennent ainsi le nécessaire : les aliments comestibles, les techniques de survie, les dangers qui les menacent.

Les mâles vivent seuls, sans prendre part à la vie de famille. Comme les femelles, ils arpentent un vaste territoire de chasse d'environ 13 km^2, à l'écart les uns des autres.

Ce n'est qu'en juillet et août, quand le saumon remonte la rivière pour le frai, que les ours kodiaks – mâles, femelles, jeunes et oursons – se réunissent sur les lieux de pêche pour faire bombance et engraisser.

L'ours kodiak a un habitat comparable à celui de l'ours brun de Sibérie et son calendrier est le même (voir p. 15).

Comportement : vivre en groupe

Ours kodiak qui gronde pour éloigner les autres ours de son territoire.

À L'ÉCART DES AUTRES

Contrairement aux loups et autres carnivores chasseurs, les ours vivent plus généralement en solitaire, à l'exception des mères qui se déplacent avec leur progéniture pendant au moins un an et des femelles prêtes à s'accoupler et dont l'odeur, pendant quelques jours seulement, attire les mâles.
Une des raisons de leur goût de la solitude est la rareté de la nourriture une partie de l'année. Il n'y a pas assez de racines et de baies dans une forêt de plusieurs kilomètres carrés pour plus d'un ours. C'est pourquoi ils se fuient les uns les autres. Comme les chiens, ils urinent pour marquer leur territoire et probablement émettent aussi une substance sécrétée par des glandes de la peau et des pattes. Les ours ont un odorat très développé et savent toujours reconnaître où sont passés d'autres ours. On peut même sentir, en marchant dans la forêt, l'odeur d'un ours qui a gratté ou s'est frotté à plusieurs reprises en un endroit.

CALENDRIER

Le début du printemps est une période difficile pour l'ours kodiak. Il sort de sa tanière après plusieurs mois de jeûne alors que le temps est encore incertain et la nourriture rare. Ensuite, la fin du printemps, l'été et l'automne sont des périodes d'abondance – les sources d'alimentation se succèdent : d'abord les jeunes pousses, ensuite les feuilles, le saumon bien gras, les graines et les baies nourrissantes.
À l'automne, l'ours, gros ou petit, doit engraisser en vue de l'hiver suivant. Ceux qui n'y parviennent pas pourront difficilement survivre. Il existe plusieurs milliers d'ours kodiaks. Leur taille et leur nombre indiquent que cette partie du monde leur est propice.

Quand la nourriture abonde, notamment à l'époque du frai des saumons, il arrive souvent que dix ou douze ours kodiaks se rassemblent au même endroit – par exemple au bord d'une rivière peu profonde ou près d'une chute d'eau où la pêche est facile.
Comment partagent-ils cette source de nourriture sans se battre ? Les disputes étant vaines et risquées, les ours préfèrent adopter un code de comportement qui leur évite de se combattre et que tous paraissent respecter.
Ce code est fondé sur des rapports

Chacun pour soi : ours bruns pêchant le saumon.

de taille, de sexe et d'âge. Les grands mâles adultes dominent : les autres leur cèdent la place sans broncher. Ensuite, viennent les femelles adultes ; enfin les jeunes mâles et les jeunes femelles. Ils décident de leur rang par des signes. Si deux grands mâles se disputent un lieu de pêche, ils ouvrent grand leur mâchoire, enroulent leur langue et émettent un grognement. Généralement, après un certain temps, l'un d'eux baisse la tête ou se détourne pour s'éloigner lentement. La question est résolue. Sinon, ils sortent griffes et dents pour lutter rapidement en émettant un grognement sourd jusqu'à ce que l'un d'eux abandonne le terrain.
L'importance de la taille comme signe de supériorité explique peut-être en partie la corpulence des ours kodiaks. Plus l'animal est imposant, plus il aura de chance de se faire respecter sur les meilleurs lieux de pêche et d'engraisser pour l'hiver. Les grands ours, plus aptes à survivre, auront aussi une descendance plus nombreux et du moins dans cette zone les ours des générations futures seront donc plutôt gros.
Les ours ne parlent pas mais les scientifiques qui étudient leur comportement ont découvert chez eux une large gamme de signes : oreilles en arrière ou en avant, mouvement de côté, ou de face, la tête levée, baissée ou penchée, la bouche ouverte ou fermée, le cou tendu ou rentré dans les épaules. Pour les autres ours, ces signes équivalent à des messages parlés.

Jeunes ours bruns jouant à se battre.

OURS POLAIRE

L'ours polaire est, après l'ours kodiak, le plus gros des ours. Son pelage est blanc, légèrement jaune, ses yeux et son museau sont noirs. Il vit dans le Grand Nord, le long des côtes de l'océan Arctique et dans les mers froides environnantes.

INFORMATIONS

Type :	Carnivores (carnassiers)
Famille :	Ursidés (ours)
Nom latin :	*Thalarctos maritimus*
Couleur :	Entre blanc et jaune pâle
Longueur :	Mâles 2 m-2,50 m
Hauteur :	1,60 m à l'épaule
Poids :	Mâles, 350-650 kg ou plus, femelles 150-250 kg, parfois jusqu'à 500 kg
Localisation :	Rivages et glaces de l'océan Arctique et des mers avoisinantes

OÙ VIT-IL ?

L'ours polaire vit principalement le long des côtes de l'océan Arctique et des mers avoisinantes, en particulier dans les endroits où les glaces se brisent et où la mer est accessible en hiver (voir carte). L'été, il sillonne l'intérieur des terres, sans jamais s'éloigner de la mer. Au début de l'hiver, quand les glaces se reforment, il marche sur la banquise souvent loin de la côte : on a vu des ours polaires à quelques kilomètres du pôle Nord.

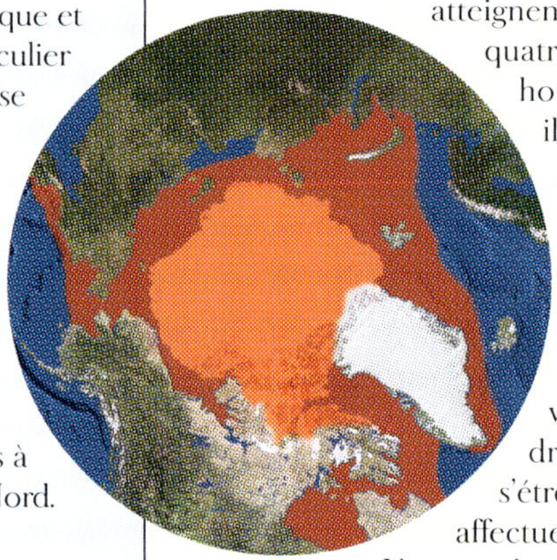

DE QUOI SE NOURRIT-IL ?

L'ours polaire tire essentiellement sa nourriture de la mer. Il marche, court même sur la glace, et il est excellent nageur. Sur la glace, il capture de jeunes phoques, des morses, et il plonge du bord pour attraper dans l'eau de petites baleines. En été, quand il gagne le rivage, il se nourrit d'herbes, de mousses et de baies. Il attrape des oiseaux dans leur nid, mange des œufs, chasse le saumon, l'omble chevalier et autres poissons de rivière, ainsi que des charognes. Une baleine ou un phoque échoué sur le rivage est une aubaine pour les ours affamés.

Bien qu'étroitement apparenté au grizzly, l'ours polaire ne peut se confondre avec aucun autre. À l'exception de ses yeux, de son museau et de ses griffes, il est tout blanc (parfois jaune très pâle). Il ne vit que dans l'Arctique, et passe le plus clair de son temps sur la glace ou le long du rivage. En été, quand la glace fond près des côtes, il s'aventure à l'intérieur des terres pour chasser et fouir le sol à la recherche de nourriture.

Les mâles adultes sont presque aussi grands que les ours kodiaks. Ils atteignent presque, sur leurs quatre pattes, la hauteur d'un homme, et 4 mètres quand ils se dressent sur leur pattes de derrière. Les femelles sont plus petites mais restent plus grosses que les plus grands tigres et lions. Souvent, comme on le voit sur ce dessin, ils se dressent pour lutter, s'étreindre ou se mordre affectueusement par jeu.

L'ours polaire est solitaire. Quand on en voit deux ou trois ensemble, ce sont généralement une mère et des jeunes. Les adultes se regroupent très rarement si ce n'est autour d'une carcasse d'animal qu'ils dévorent. Quand deux ou trois ours se rencontrent, ils se combattent généralement jusqu'à ce que le plus fort l'emporte et chasse les autres. Toujours affamés, ils peuvent être très dangereux.

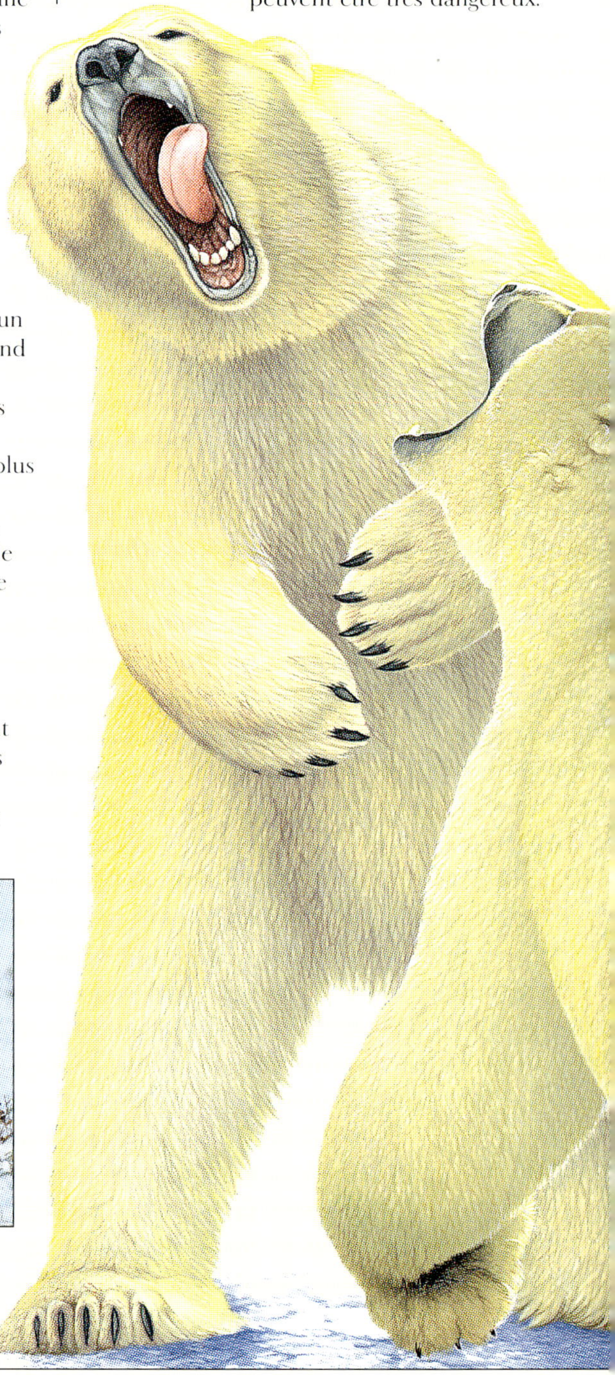

Femelle d'ours polaire avec deux jeunes.

Vivre au pays du froid

L'ours polaire est enveloppé d'une épaisse fourrure.

ÉPAISSE FOURRURE

L'épaisse fourrure blanche de l'ours polaire, qui peut mesurer jusqu'à 30 cm d'épaisseur, lui sert de couverture isolante : elle le protège du vent et conserve la température de son corps. L'été, elle fait office de serre chaude. Les rayons du soleil pénètre à travers les couches supérieures jusqu'à la peau et en réchauffent les couches inférieures. L'ours polaire souffre facilement de la chaleur, surtout quand il est actif. Quand il a couru, même sur une courte distance, il doit alors s'arrêter, haletant, et se coucher pour se rafraîchir. Son pelage est suffisamment dense et gras pour protéger sa peau de l'eau. Quand il sort de la mer, seuls l'extrémité de ses longs poils est mouillée par une eau qui gèle aussitôt.

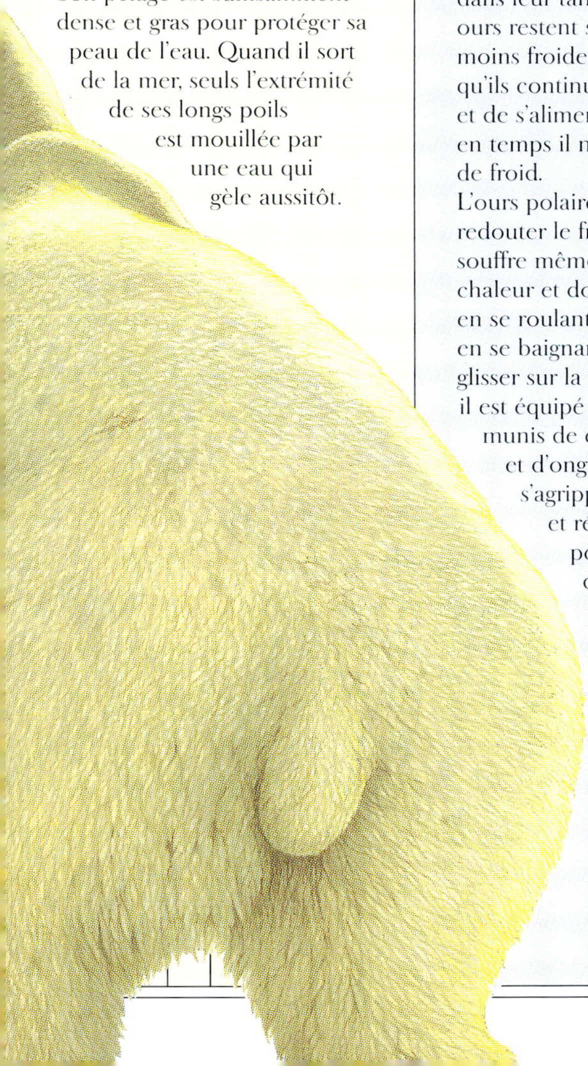

Beaucoup d'ours bruns et de grizzlys supportent le froid en hiver, mais c'est toute l'année que l'ours polaire endure le climat de l'Arctique. Comment survit-il ?

Il y a plusieurs façons de supporter le froid. Dans les régions polaires l'hiver est très rigoureux : la température peut descendre en dessous de − 30°C, il n'y a pas de soleil, et des vents très violents semblent refroidir l'air encore plus. En revanche, les étés peuvent être doux. Même avec des températures proches du gel, les sols secs, les plantes et les animaux se réchauffent au soleil. Le vent reste violent et soulève la neige en tourbillons mais les endroits abrités sont tièdes.

L'ours polaire est très bien protégé du froid. Il dissimule, sous son épaisse fourrure, une couche de graisse qui lui tient chaud et constitue une réserve de nourriture. Les femelles gravides passent l'hiver à l'abri des intempéries dans leur tanière. Les autres ours restent sur la glace, moins froide que la terre. Tant qu'ils continuent de bouger et de s'alimenter de temps en temps il ne meurent pas de froid.

L'ours polaire n'a pas à redouter le froid en été. Il souffre même souvent de la chaleur et doit se rafraîchir en se roulant dans la neige ou en se baignant. Pour éviter de glisser sur la glace ou la neige, il est équipé de larges pieds munis de coussinets cornés et d'ongles pointus qui s'agrippent à la glace et répartissent son poids sur les points d'appui. Des empreintes fraîches de pas d'ours polaire dans la neige mesurent plus de 30 cm de large.

NAGER

Tous les ours savent nager mais l'ours polaire est particulièrement bon nageur. Sa fourrure à double épaisseur, presque imperméable, protège sa peau de l'eau de mer glacée. Ses larges pieds lui servent de pagaies : il les projette brusquement dans l'eau pour avancer. Quand il plonge, il peut retenir sa respiration pendant plus d'une minute. Pourtant, il ne nage pas assez vite pour capturer un phoque sous l'eau, et se glisse souvent entre deux bancs de glace pour en surprendre un qui s'est endormi sur la banquise.

SE CACHER

Les phoques couchés sur la glace se méfient des ours qui rôdent en quête de proies. L'ours polaire, tout blanc, est bien camouflé, mais ses yeux et son museau noirs le trahissent. On raconte qu'un ours chassait le phoque en poussant un morceau de glace devant lui pour cacher son museau noir.

NOMADES DU GRAND NORD

Il n'est pas facile d'étudier les ours polaires. Un important projet de recherche international a pourtant fourni de nombreuses indications sur leur habitat et leur mode de vie.

COMBIEN SONT-ILS ?
Les ours polaires qui sillonnent les régions arctiques, rarement plus de deux ou trois ensemble, et qui se confondent avec leur environnement de glace et de neige, sont très difficiles à dénombrer. Les biologistes qui les ont étudiés, estiment qu'ils sont environ
• 5 000 dans la mer de Barents, dans la mer du Groenland et dans la zones des îles Svalbard
• 5 000 le long des côtes de Sibérie
• jusqu'à 7 000 au nord du détroit de Béring
• 8 000 dans les terres arctiques du Canada
• 2 000 au large des côtes septentrionales de l'Alaska
• et peut-être 1 000 autour des côtes du Groenland.

Ours polaire s'offrant une bonne baignade.

COMBIEN D'ANNÉES VIVENT-ILS ?
Il est également difficile de déterminer l'âge d'un ours de taille adulte. On peut compter les anneaux de croissance de ses grosses canines, qui continuent de pousser pendant toute sa vie, – un peu comme les cercles annuels d'un tronc d'arbre. Autre moyen, on lui pose une agrafe quand il est petit et on suit son évolution. Un ourson sur quatre ou cinq meurt au cours de son premier été, quelquefois tué et dévoré par un adulte mâle. C'est pourquoi les femelles restent à l'écart des lieux de chasse des mâles. Beaucoup de jeunes adultes peinent aussi à apprendre les moyens que l'ours polaire doit connaître pour survivre dans le Grand Nord ; dans ce cas ils meurent généralement de faim avant l'âge de 5 ou 6 ans. À l'âge de 10 ans les ours ont appris à se débrouiller et peuvent atteindre ensuite 25-30 ans. Les plus vieux que l'on connaisse sont morts à plus de 30 ans.

On rencontre des ours polaires dans toutes terres arctiques mais ils vivent principalement sur la banquise, surtout le long des côtes où la glace se reforme chaque année. Ils apprécient particulièrement les chapelets d'îles entre lesquelles les courants sont puissants et les eaux riches en plancton, et en poissons et les « polynyas » – zones où les bancs de glace se déplacent et risquent de se fendre, même en hiver. Ils y trouvent de jeunes phoques, leur met favori.
Les ours polaires se ressemblent beaucoup, et l'on pensait autrefois qu'ils arpentaient les régions polaires à l'aventure. Les études scientifiques ont démontré le contraire : si les ours polaires peuvent parcourir plusieurs centaines de kilomètres au cours de l'année, ils ont tendance à rester ou à retourner dans la zone où ils sont nés. S'ils ont dérivé vers le sud avec la banquise, ils retournent à leur point de départ, et s'ils marchent dans plusieurs directions en quête de nourriture, ils suivent généralement un parcours circulaire qui les reconduit, après plusieurs semaines ou plusieurs mois, à leur territoire d'origine, ce qui est plus profitable pour eux que d'avancer au hasard. Ils peuvent ainsi mémoriser les lieux où trouver de quoi se nourrir à différentes époques de l'année.

Cet ours polaire a plongé dans l'eau à la poursuite d'un jeune phoque – les phoques peuvent nager plus vite, mais n'arrivent pas toujours à s'échapper.

Les ours polaires et l'homme

Les distances sont parfois très longues pour trouver à se nourrir.

SENS DE L'ORIENTATION
La surveillance radio a montré que certains animaux parcourent des distances plus importantes que d'autres. Des ours sont allés des îles Svalbard au Groenland ; d'autres, des Svalbard à la côte russe. Une mère avec ses deux petits a marché du Groenland oriental jusqu'à l'archipel François-Joseph, effectué donc près de 1 000 km en moins d'un mois. D'autres sont partis de l'île Wrangel au large de la côte nord-est de la Sibérie, pour rejoindre l'Alaska à travers la banquise, à raison de 40-80 km par jour.

Il n'est pas rare que des ours polaires viennent dans les villes ou les petites localités de l'Arctique, surtout en été quand la nourriture devient rare dans la nature. Les ours s'adaptent très vite et beaucoup ont su repérer que les poubelles et les décharges contenaient de quoi manger et ils viennent y fouiller.
Les habitants en ont peur et appellent la police. Il y a quelques années, plusieurs ours ont ainsi été tués. Aujourd'hui, on leur injecte plutôt un produit anesthésiant pour les emporter dans un lieu de captivité puis les transporter par camion ou hélicoptère loin de la ville.
Ce sont surtout les jeunes qui fouillent dans les poubelles

Une ourse et un jeune ourson explorant une camionnette.

parce qu'ils ne savent pas encore chasser et souffrent de la faim. Dans certains établissements, ces ours amateurs de poubelles sont devenus une attraction pour les touristes.
Les ours rôdent souvent autour des baraquements isolés et des huttes de trappeurs, toujours à la recherche de nourriture. Quand un ours s'est mis en tête d'entrer à l'intérieur d'une hutte il est très difficile de l'en dissuader. À coups de griffes et de dents, il défoncera la porte, démolira les murs et ouvrira boîtes et bocaux alimentaires.

PROTECTION INTERNATIONALE

Depuis toujours, les habitants de l'Arctique ont chassé les ours polaires pour leur fourrure et leur chair, généralement en petit nombre. Beaucoup plus nombreux sont les ours qui ont été piégés et tués au cours des deux derniers siècles, pour le commerce de la fourrure. Plus récemment, ils ont été chassés aussi pour leur peau, que des amateurs accrochent comme trophée sur leur mur ou posent sur le sol en guise de tapis. On ignore combien ils étaient auparavant, mais le nombre d'ours tués dans ces circonstances suggère qu'ils sont très certainement moins nombreux aujourd'hui. Des scientifiques des cinq nations concernées par les terres arctiques se sont réunis en 1965 pour établir l'état des connaissances sur les ours polaires.
En 1973, ces cinq nations sont parvenues à un accord sur la protection des ours polaires et des lieux où ils vivent : l'International Agreement on the Conservation of Polar Bears and their Habitat. Ces pays ont décidé la mise en œuvre de projets de recherche pour établir le nombre d'ours existants et le nombre de ceux qui ont été chassés, et ils se sont engagés à mieux les protéger.

Cet accord est toujour en vigueur et si, chaque année, des ours sont encore tués, dans l'ensemble ils sont plus en sécurité qu'auparavant.

COMMENT CAPTURER UN OURS POLAIRE

Pour capturer un ours polaire, les scientifiques leur injectent un produit anesthésiant avec une seringue tirée à l'aide d'un pistolet, souvent depuis un hélicoptère. Il faut que l'aiguille soit suffisamment longue pour traverser la fourrure, la peau épaisse et la couche de graisse sous-cutanée et faire pénétrer le produit dans les muscles de l'arrière-train ou de l'épaule. Entre cinq et dix minutes plus tard, l'ours commence à chanceler. Il tombe et plonge dans un profond sommeil qui va durer environ une heure.
Pendant ce temps, les scientifiques le pèsent, le mesurent, examinent ses éventuelles blessures ou cicatrices, lui posent une agrafe numérotée dans l'oreille et lui tatouent le même chiffre dans la bouche et quelquefois lui attachent un collier émetteur radio.

Scientifiques examinant un ours polaire anesthésié.

VIE DE FAMILLE

Les oursons polaires naissent au cœur de l'hiver, pas plus gros qu'un petit lapin, complètement dépendants, et dépourvus de fourrure. Ils restent au fond de la sombre tanière, enfouis sous un manteau de neige.

SÉDUCTION ET AMOURS

Une femelle d'ours polaire dont les petits ont grandi et l'ont quittée est généralement prête à s'accoupler de nouveau au printemps suivant, vers la fin du mois d'avril ou en mai. Elle dégage une odeur particulière, propagée au loin par le vent, qui attire les mâles. Il se peut que plusieurs mâles répondent à l'appel. Quand ils la rencontrent, ils restent avec elle pendant plusieurs jours, s'accouplent avec elle, en se combattant les uns les autres. Ensuite, son odeur disparaît et ils se séparent. Les pères ne voient pas leurs petits.

Le mâle flaire l'odeur de femelles prêtes à s'accoupler.

Au mois d'octobre, l'ourse gravide cherche une tanière où passer l'hiver à l'abri, en général sur la terre ferme mais aussi sur la glace. À l'intérieur des terres, elle va rechercher une congère ou un talus de terre meuble à flanc de colline, le plus souvent à quelques kilomètres de la côte. Sur la glace, elle peut trouver une grotte naturelle formée par des plaques détachées de la banquise et recouvertes de neige. L'ourse se met alors à creuser dans la neige une niche confortable d'environ 2 m de long sur 1m de large et de hauteur. Elle expérimente parfois plusieurs endroits avant d'élire son logis et de s'y lover pour dormir. Suffisamment d'air traverse la neige pour lui permettre de respirer. Quelle que soit la température extérieure, la tanière garde la chaleur dégagée par la respiration de l'ourse. La température de son corps s'abaisse légèrement, généralement pas plus de 5°C. Elle vit sur les réserves de graisse constituées pendant l'été et l'automne.

Elle met au monde ses petits, généralement au nombre de deux, en décembre. Les oursons, couverts d'un pelage fin, mesurent 30 cm et pèsent 600-800 g. Elle reste éveillée assez longtemps pour les nettoyer en les léchant et pour s'assurer qu'ils savent téter. Les oursons dorment presque tout le temps, ne se réveillant que pour boire le lait chaud et crémeux de leur mère.

Les femelles sont fécondes à l'âge de 4-5 ans et ce jusqu'à 20 ans et plus. Elles se battent moins que les mâles et vivent souvent plus longtemps.

Le calendrier de l'ours polaire

Dans l'Arctique, les hivers sont longs et rigoureux. Pendant six à neuf mois, l'océan est gelé, la terre couverte de neige. Les aliments sont rares. Les ours polaires ne peuvent pas former de groupes nombreux ni rester au même endroit longtemps, ils manqueraient de nourriture. Ils vivent solitaires et se déplacent continuellement à la recherche de leur nourriture.

Les oursons restent avec leur mère au moins 18 mois.

Les femelles accouchent tous les deux ou trois ans. À la fin de l'automne et en hiver, quand la nourriture manque, elles dorment pendant plusieurs semaines pour économiser leur énergie.

DÉVELOPPEMENT DES OURSONS

La mère désobstrue la tanière en mars-avril et en sort avec ses petits. Les oursons ont alors 3 ou 4 mois. Ils pèsent 10-15 kg et ont la force de jouer, de faire des galipettes et des glissades sur la neige. Après quelques jours, la famille est prête à partir, généralement vers la banquise. Les petits continuent de téter, mais apprennent à trouver eux-mêmes leur nourriture. Ils restent auprès de leur mère un an et demi, deux ans, parfois plus. Ensuite, ils mènent une vie autonome et l'ourse cherche un nouveau partenaire pour s'accoupler.

Les petits restent avec leur mère pendant quelquefois deux ans, ou même davantage.

GESTATION DIFFÉRÉE

Quand l'ourse est fécondée, les œufs ne se développent pas immédiatement sinon les oursons naîtraient au début de l'hiver – la mauvaise saison. Les œufs ne s'installent dans la paroi de l'utérus pour commencer à se développer que vers le mois d'août. À cette période la future mère ne cesse de chasser, de se nourrir pour engraisser. Elle doit emmagasiner environ 200 kg de graisse pour pouvoir survivre pendant l'hiver et nourrir ses petits. Pour cela, elle se nourrit principalement de jeunes phoques bien gras qu'elle capture sur la banquise.

AUTOMNE

En octobre, la femelle en gestation se dirige vers la terre, où elle se creuse un terrier ou « tanière » dans la neige accumulée. À l'abri des vents glacés, elle dort en attendant la naissance de ses petits.

Les femelles non fécondées et les mâles restent actifs : ils se dirigent vers les glaces et chassent le plus possible. La mer est généralement moins froide que la terre et plus riche en nourriture.

BIEN ARMÉ CONTRE LES VENTS FROIDS

La fourrure blanche de l'ours polaire se compose de poils courts près de la peau et de « jarres » plus longs. Au soleil, cette double épaisseur de poils fait office de serre chaude, elle protège l'animal du vent et emmagasine la chaleur du soleil au niveau de la peau. En hiver, l'ours possède une couche de graisse sous-cutanée qui lui sert de réserve alimentaire et lui tient chaud.

HIVER

Entre novembre et le début de janvier, les femelles gravides donnent naissance, dans leur tanière terrestre, à deux ou trois oursons (en général deux) qu'elles allaitent. Les femelles qui ne sont pas en gestation et les mâles restent sur la banquise à la recherche de trous dans la glace ou de fissures où les phoques viennent respirer. Quand un phoque sort alors le museau de la glace, l'ours bondit pour le capturer avant qu'il ne puisse s'échapper.

PRINTEMPS

Les mères sortent de leur tanière avec leurs petits, désormais assez grands pour marcher et courir. Elles chassent et enseignent aux oursons à trouver les aliments comestibles. Elles restent dans les terres, hors du trajet des mâles. Les femelles sans petits se dirigent au contraire vers la banquise à la recherche d'un partenaire pour s'accoupler. Les couples restent unis pendant une semaine au moins, puis se séparent. Les mâles restent sur les glaces jusqu'à la débâcle, puis se dirigent vers les terres.

ÉTÉ

Jamais très abondante à l'intérieur des terres, la nourriture est souvent particulièrement rare en été. Dans les terres, les mâles et les femelles se reposent donc parfois longtemps dans des tanières temporaires, pour se rafraîchir et économiser leur énergie. Ceux qui sont sur la banquise trouvent davantage d'occasions de se nourrir et passent leur été à engraisser.

BARIBAL

Roi des forêts, le baribal ou ours noir d'Amérique abonde encore aujourd'hui dans les régions boisées des États-Unis et du Canada.

INFORMATIONS

Type :	Carnivores (carnassiers)
Famille :	Ursidés
Nom latin :	*Euarctos americanus*
Couleur :	Variable, du gris clair argenté au noir
Longueur :	1,40 m-1,80 m
Hauteur :	75 cm à l'épaule
Poids :	Jusqu'à 220 kg
Localisation :	Alaska, Canada, États-Unis de l'Ouest et du Centre, Nouvelle-Angleterre, Floride, Mexique du Nord

DES SOLITAIRES

Le baribal passe la majeure partie de sa vie seul. Les mâles et les femelles se rejoignent pour une courte période à la saison des amours puis se séparent. L'hiver, à cause du manque de nourriture, ils dorment dans des tanières. Les mères donnent naissance à deux ou trois petits, de 500 g environ. Les oursons restent auprès de leur mère environ 18 mois puis partent mener une vie autonome.

OÙ LES RENCONTRER ?

Les premiers colons rencontrèrent des baribals dans toutes les régions forestières d'Amérique du Nord. Aujourd'hui, là où elles subsistent, les baribals sont très nombreux. La chasse les a rendu peureux et ils évitent la proximité des villes et des hommes. On les rencontre dans les forêts des parcs nationaux et des réserves.

Quand les hommes entreprirent de défricher les forêts pour cultiver la terre, ils commencèrent par dégager les plaines fluviales et les lisières de forêts, lieux de chasse et de jeux des ours bruns. Ce n'est que plus tard, quand ils voulurent agrandir leurs terres qu'ils brûlèrent les forêts et abattirent les arbres de haute futaie, délogeant les ours noirs.
Aujourd'hui, même si aucune espèce n'est aussi nombreuse qu'auparavant, les baribals sont plus répandus que les ours bruns. On les trouve sur plus de la moitié de la superficie des États-Unis et dans beaucoup d'États très forestiers ; leur présence est si importante que la chasse au fusil accompagnée de chiens est autorisée. Ils sont aussi très nombreux dans les vastes forêts du Canada.

Les baribals se sentent plus en sécurité au milieu des arbres. Quand un danger les effraie, les oursons vont se cacher dans les endroits les plus sombres possible, généralement sous un tronc d'arbre abattu ou sous des racines. Les jeunes qui sont trop gros pour se cacher ainsi grimpent en général à l'arbre le plus proche et se cramponnent aux branches. Les tout jeunes oursons aiment aussi grimper aux arbres pour jouer, se balancer sur les branches comme sur un trapèze, manger quelquefois les feuilles et les jeunes pousses, et le plus souvent observer simplement les alentours en toute tranquillité. Les ours plus âgés, trop lourds pour grimper aux arbres, sont devenus assez forts pour affronter la plupart des dangers au sol. Le baribal se nourrit de racines, de feuilles, de pousses, de jeunes plants, de baies, d'œufs d'oiseaux et occasionnellement de charognes (animaux morts). Il aime le miel et les fruits.
Les mères font progressivement goûter à leurs petits différents aliments. Les oursons apprennent ainsi à connaître les aliments comestibles et ceux à éviter.

ÉLEVER DES OURSONS
Des biologistes qui avaient trouvé des oursons noirs orphelins, âgés de huit semaines, les transportèrent chez eux et les nourrirent avec du lait de vache adouci de miel. Deux ou trois semaines plus tard les oursons appréciaient les pêches au sirop écrasées et les petits pots pour bébés, puis ils acceptèrent des aliments plus consistants : pommes et feuilles. À six semaines, ils mangeaient de la bouillie d'avoine sucrée, avec du miel et du sirop de fruit. Délaissant d'abord la viande crue, ils aimaient mâcher des saucisses de Francfort et des os et, plus tard, savouraient le bœuf et le poisson hâchés. Leur poids est passé, en trois mois, de 1 à 13-14 kg.
Ils s'amusaient beaucoup à prendre des douches, à se cacher dans les placards sombres, dans les paniers de linge sale, à renverser les chaises, et à se poursuivre dans toute la maison.

OURS EN PELUCHE

Chez les anglophones, l'ours en peluche s'appelle Teddy Bear (ours Teddy). Il doit son nom à Théodore Roosevelt, président des États-Unis (1901-1909), très aimé et que tout le monde appelait « Teddy ». Un jour de 1902, ce Président qui aimait la vie au grand air, la nature et la chasse trouva dans les bois un petit ourson noir et le garda chez lui comme animal domestique. Apprenant la nouvelle, un fabricant de jouet de New York réalisa un ours en peluche qu'il appela l'ours « teddy » en l'honneur du Président. Cet ours rencontra un grand succès, d'abord en Amérique puis dans le monde entier. Chaque année, il s'en fabrique encore des milliers et le nounours en peluche reste un des jouets préférés des enfants.

Jeunes baribals se battant par jeu.

Rencontre avec des baribals

Les baribals évitent généralement les lieux fréquentés par les hommes mais, dans presque tous les parcs nationaux et les réserves, quelques-uns ont compris que les visiteurs apportaient de quoi manger et ils viennent fouiller dans les poubelles pour se régaler des restes de pique-niques. Ils endommagent souvent les poubelles, et risquent quelquefois de se blesser avec les boîtes de conserve ou de s'étouffer avec les sacs en plastique.
Ils se rassemblent aussi dans les zones de stationnement où les visiteurs aiment les nourrir, ce qui est généralement interdit parce que dangereux.

Baribal mangeant un saumon.

En général, les baribals ne sont pas agressifs mais ils ne se « tiennent » pas très bien à table : ils peuvent saisir les aliments avec les dents, ou les griffes, et renverser quelqu'un en pensant que la personne a de la nourriture dans son sac. Ne cherchez pas à apprendre les bonnes manières à un ours affamé ! Lui donner ainsi de la nourriture, c'est lui apprendre qu'il peut en obtenir, et donc lui donner de mauvaises habitudes. Il risque de vous blesser ou de maltraiter la personne suivante.

L'ourson apprend à connaître la forêt dès ses premiers mois.

QU'EST-CE QU'UN BARIBAL ?

Plus petit et moins lourd que l'ours brun, le baribal est cependant un animal massif et corpulent, doté d'une ossature solide et de muscles puissants. Son pelage est doux et de coloration variée allant du presque noir au presque blanc. Ceux des États-Unis de l'Est sont plus sombres que ceux de l'Ouest ; les plus pâles étant ceux du Canada de l'Ouest. Certains ours « noirs » de l'Alaska sont gris argenté. Des baribals vivant dans la baie de Yakutat sont qualifiés d'ours bleus ou « des glaciers » et certains biologistes les qualifient de sous-espèce à part. Quelle que soit la couleur de sa robe, le baribal a le museau généralement marron et souvent une tache blanche sur la poitrine. Vu de côté, sa tête montre un profil convexe tout à fait différent de celui, concave, de l'ours brun.

Ours à collier

L'augmentation de la population, l'extension des terres cultivées et l'urbanisation réduisent les forêts et les habitats de ces ours, qui vivent à l'écart des hommes.

INFORMATIONS

Type :	Carnivores (carnassiers)
Famille :	Ursidés (ours)
Nom latin :	*Selenarctos thibetanus*
Couleur :	Variée, noir, brun ou gris
Longueur :	1,40 m-1,70 m
Hauteur :	70 cm à l'épaule
Poids :	Jusqu'à 130 kg
Localisation :	Asie du Sud et de l'Est, du nord de l'Iran au Japon

QUELLES SONT SES PARTICULARITÉS ?

L'ours à collier peut être noir, marron, brun-roux ou gris foncé, en général avec le museau marron – en fait, il ressemble beaucoup au baribal en légèrement plus petit. Il a de plus grandes oreilles que la plupart des autres ours, et un pelage long et touffu, plus épais autour des épaules. Il a le menton blanc et, sur la poitrine, un chevron blanc en forme de V, ou de nouvelle lune.

OÙ VIT-IL ?

C'est un ours des forêts montagneuses. Il vit dans quelques-unes des régions les plus sauvages et reculées d'Asie centrale et orientale. On peut le voir en liberté dans les montagnes du nord de l'Iran ou d'Afghanistan, dans l'Himalaya au nord du Pakistan, en Inde, au Népal et au Bhoutan, aux confins de la Birmanie, de la Chine, de la Corée et du Japon. Dans certains pays, malheureusement, ils sont surtout accessibles en captivité, en cage, ou bien dans les villes et les villages où ils sont montrés comme ours savants.

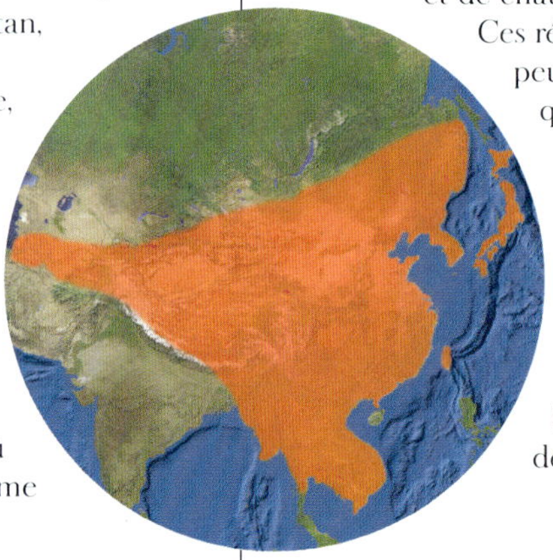

L'ours à collier est apparenté au baribal à tel point que certains biologistes les regroupent sous le même nom d'espèce. Pourtant, leur pelage est plus uni et ils sont souvent plus petits et moins lourds que les ours noirs d'Amérique.

Leur petite taille s'explique peut-être par le peu d'entre eux qui vivent dans une riche forêt de plaine. La forêt s'étendait autrefois davantage, couvrant aussi bien les basses terres que les plateaux et les montagnes. Mais aujourd'hui la plupart des forêts de basse et moyenne altitudes ont été défrichées au profit de cultures et d'habitations. Seules restent les forêts de montagne où les conditions de vie sont plus rudes et où les ours de petite taille résistent mieux que les gros. Ces ours s'appellent aussi « ours noirs de l'Himalaya », ce qui rappelle la région où vivent beaucoup d'entre eux. Même dans les montagnes, la présence de l'homme s'étend. Les forêts sont désormais morcelées en petites superficies qui ne sont plus assez étendues pour abriter une famille d'ours. Dans plusieurs pays, des gouvernements bien intentionnés mais désargentés ont créé des réserves pour tenter de délimiter des zones où les ours puissent vivre en paix. Malheureusement, ces forêts constituent généralement le territoire de chasse d'une population locale qui y trouve du gibier et du bois de construction et de chauffage.

Ces régions sont généralement peuplées de paysans très pauvres qui comprennent difficilement une interdiction de chasser et de couper du bois dans la forêt pour le bien-être des ours. En périodes difficiles, ils les chassent en dépit de la loi. Un bel ours à collier bien gras fournit en effet beaucoup de viande et de graisse à des villageois affamés et les oursons en bonne santé sont achetés un bon prix sur le marché par des commerçants fournisseurs de zoos et de cirques.

Sont-ils féroces ?

OURS MIGRATEURS

En hiver, ces ours descendent le plus souvent en dessous de 1 400 m et parcourent de grandes distances pour se nourrir. Les femelles gravides cherchent une tanière où dormir, et mettre au monde leurs deux ou trois petits en janvier ou février. Les mâles se terrent aussi quelquefois dans une tanière pendant les semaines les plus rudes de l'hiver. Et, à la fin de mars ou en avril, quand la température est devenue plus clémente, les ours quittent les basses altitudes pour monter vers les hauteurs, les mères étant accompagnées de leurs petits. L'été, ils s'élèvent souvent à plus de 3 000 m d'altitude où l'air est plus frais et où ils sont moins incommodés par les morsures d'insectes. Les premières neiges d'automne les ramènent vers les forêts plus basses.

LE YÉTI

Régulièrement, les voyageurs qui escaladent l'Himalaya découvrent des empreintes de pas dans la neige qui mesurent plus de 50 cm de long. Les cinq doigts à l'avant et le talon étroit font penser à des traces de pieds d'homme géant. Dans certaines régions, ces traces ont suscité des légendes sur l'existence de géants poilus de 2 à 3 m de haut qui surgiraient brusquement dans le brouillard pour disparaître aussitôt, en laissant parfois sur leur passage des touffes de poils bruns dans la neige. Leur nom en langue du pays est « yéti ».
Les scientifiques ne connaissent pourtant ni hommes ni grands singes ou gorilles de cette taille. L'hypothèse la plus plausible est donc qu'il s'agit d'ours. Leurs empreintes ressemblent à celles de l'homme, en plus grandes et, aperçus dressés dans la pénombre, les ours présentent effectivement l'aspect de grands hommes poilus. Il est donc très probable que les « yétis » de l'Himalaya sont des ours à collier pris dans des tempêtes de neige à haute altitude, qui se dressent sur leurs pattes de derrière à l'arrivée d'étrangers.

Les ours à collier ont mauvaise réputation. Plus que la plupart des autres ours, ils sont accusés de détruire les récoltes, d'attaquer le bétail et les hommes, et de pénétrer dans les granges et les entrepôts alimentaires. Cela signifie-t-il qu'ils sont plus féroces que les autres ours ? Probablement pas : mais, en Asie du Sud-Est, ils s'opposent peut-être plus souvent aux hommes. La démographie augmente rapidement dans cette région du monde et, chaque année, de plus en plus de personnes grignotent le « territoire des ours » – les zones forestières où ils régnaient en maîtres il y a quelques années encore.
Les populations, pauvres, essayent d'exploiter le mieux possible un environnement ingrat. De leur côté, les ours luttent aussi pour survivre alors que des centaines de générations de leurs ancêtres vécurent tranquillement. Leur principale préoccupation consistant à se procurer de la nourriture, ils n'ont pas eu le loisir d'apprendre à respecter les cultures, les animaux des fermes, et les hommes.
Que des hommes et des ours déterminés à survivre sur le même territoire se gênent mutuellement n'est donc pas surprenant.

Ours à collier qui attaque un arbre de la forêt, dont il arrache un lambeau d'écorce.

ALIMENTATION

Comme la plupart des autres ours, l'ours à collier est omnivore. Principalement végétarien, il se nourrit de feuilles, de pousses d'arbres, de racines, de baies et de fruits. Il lui arrive aussi de manger des insectes, des oiseaux qui nichent sur le sol, et leurs œufs, des rongeurs et autres petits mammifères, y compris des jeunes cervidés. Il n'est pas rare qu'à la lisière de la forêt, il dérobe aux fermiers une partie de leur récolte, du miel, des bovins et des ovins. Bon nageur, il pêche du poisson dans les lacs et les rivières.

OURS LIPPU

Ours grimpeur des forêts de l'Inde, qui se nourrit de feuilles, de fruits et de termites. Il s'oppose souvent à l'homme à la lisière de la forêt.

INFORMATIONS

Type :	Carnivores (carnassiers)
Famille :	Ursidés (ours)
Nom latin :	*Melursus ursinus*
Couleur :	Noir ou brun foncé, quelquefois tirant sur le roux, avec le museau blanc et des marques sur la tête et la poitrine
Longueur :	1,50 m-1,90 m
Hauteur :	75 cm à l'épaule
Poids :	Jusqu'à 110 kg
Localisation :	Népal, Inde et Sri Lanka

QU'EST-CE QU'UN OURS LIPPU ?

Cet ours est original d'aspect, il paraît un peu ébouriffé. Apparenté à l'ours à collier, il est plus petit et moins trapu que lui, avec un pelage noir, brun foncé ou brun-roux. Il a le museau blanc ou gris clair et un mince chevron (forme de V) sur la poitrine. La fourrure est plus épaisse chez la femelle que chez le mâle et s'épaissit derrière le cou et autour des épaules. Ses pattes sont courtes et souples et sont munies de longues griffes claires qui lui permettent de grimper aux arbres. Les lèvres, particulièrement épaisses et charnues, qui lui ont donné son nom, peuvent s'enrouler en tube – pratique pour aspirer les termites dont il se nourrit.

Les ours lippus possèdent de larges griffes recourbées qui leur servent pour grimper aux arbres.

L'ours lippu possède de longs poils touffus. Étroitement apparenté à l'ours à collier, il paraît massif, et presque aussi corpulent que ses noirs cousins. En réalité, il n'est ni aussi gros ni aussi lourd que les baribals ou les ours bruns : sa silhouette lui vient de son épaisse fourrure.

Il est par conséquent plus agile. S'il se déplace en général lentement il peut être très rapide à la course et distancer chasseurs et chiens. S'il a peur, il grimpe dans un arbre, tournant en spirale autour du tronc en se servant des branches latérales ou des plantes grimpantes comme de marches d'escalier.

En dépit de sa taille et de son poids, il sautille de branche en branche avec aisance et sûreté. Au repos, il se confond avec son environnement comme s'il faisait partie de l'arbre.

Il est surtout actif la nuit. Quand tout est calme, on peut entendre les ours lippus renifler, éternuer, remuer la terre dans la forêt. Il mange des feuilles, des pousses et des fruits, se servant de ses larges pattes pour approcher les aliments. Il possède une technique particulière pour manger les fourmis, termites et autres insectes vivant en colonies (voir à droite). Pendant les heures chaudes de la journée, il dort, souvent dans les arbres, calé sur une branche fourchue ou bien installé plus confortablement sur un tapis de branchages et de feuilles.

Les ours lippus vivent seuls, ils ne se réunissent que brièvement pour s'accoupler. La femelle cherche dans la forêt un endroit calme pour donner naissance à une portée d'un ou de deux petits qu'elle allaite pendant 2 ou 3 mois. Les oursons suivent leur mère pendant parfois 3 ans avant de prendre leur autonomie.

De plus en plus rare

COMBIEN D'ANNÉES VIT-IL ?
On l'ignore. Comme chez les autres espèces, les ours lippus meurent souvent jeunes, surtout pendant les premiers mois où ils se retrouvent seuls après avoir quitté leur mère. Ceux qui survivent savent ensuite comment se comporter et peuvent alors vivre encore 10, 20 ou 30 ans. Chaque année, des dizaines d'entre eux sont tués ou capturés, pour leur chair ou pour la protection des cultures.

Les ours lippus ont toujours été fugitifs et difficiles à dénombrer – et à voir en liberté – et l'on ignore combien ils étaient autrefois. C'est pourquoi les scientifiques n'ont pu étudier leur comportement comme il l'auraient souhaité. Il est certain que dans de vastes régions de l'Inde et du Sri Lanka, ils ont diparu. On sait aussi que dans les endroits où ils subsistent, il est devenu beaucoup plus difficile et rare de les rencontrer qu'il y a encore cinquante ans.
La raison en est simple. Depuis cette époque, de vastes étendues de forêts ont été détruites pour exploiter le bois et défrichées pour laisser place aux cultures et aux agglomérations. Des barrages de retenue d'eau ont aussi été construits dans certaines

Ours lippu savant dressé par un montreur d'ours.

plaines et vallées fluviales pour fournir de l'énergie électrique. Le commerce du bois, l'extension des cultures et la production d'électricité furent autant de moyens d'augmenter le niveau de vie de millions de personnes au Népal, en Inde et au Sri Lanka.
Dans le monde entier les gouvernements sont confrontés à ce problème – pas seulement dans les pays les plus pauvres mais aussi en Europe et en Amérique du Nord. Pour plus d'informations à ce sujet, lire pp. 38-39.

Ours lippu mâchant des feuilles et de l'herbe.

ALIMENTATION

Les feuilles, les jeunes pousses et les fruits constituent une part importante du régime alimentaire de l'ours lippu, mais il apprécie aussi beaucoup les fourmis, les termites, les abeilles et autres insectes vivant en colonies. Quand l'ours trouve un nid de ces insectes, il creuse un trou sur le côté avec ses puissantes pattes et y plonge son museau allongé, en obstruant ses narines pour que les bêtes n'y pénètrent pas. Sa lèvre supérieure se roule en un tube par lequel il aspire insectes, œufs, larves et miel. Cette succion est facilitée par l'absence de plusieurs dents de devant et la forme du palais, creusée en tunnel.

OÙ LE RENCONTRE-T-ON ?
Confinés dans les vallonnements du Népal et les vastes plaines accidentées de l'Inde et du Sri Lanka, les ours lippus vivent principalement dans les forêts de basse altitude, avec apparemment une préférence pour les collines et les affleurements rocheux. Cette carte montre leur ancienne aire de répartition. Aujourd'hui, l'augmentation de la population humaine et la déforestation les ont chassés de nombreuses régions. Ils sont très peu nombreux, sauf dans les réserves et les parcs nationaux.

APPELÉ « PARESSEUX »

Quand les scientifiques examinèrent pour la première fois des peaux d'ours lippus en provenance de l'Inde, ils lirent les descriptions des chasseurs, remarquèrent ses longues griffes et en conclurent qu'il devait s'agir de gros paresseux, ou d'ours vivant comme des paresseux. En réalité, l'ours lippu n'est que lontainement apparenté au paresseux, et n'a pas du tout les mêmes habitudes.

Ours lippu

OURS DES COCOTIERS

C'est le plus petit des ours. Il vit dans les arbres de la forêt pluviale des tropiques, dans tout le Sud-Est asiatique. Il n'en reste peut-être que quelques milliers.

INFORMATIONS

Type :	Carnivores (carnassiers)
Famille :	Ursidés (ours)
Nom latin :	*Helarctos malayanus*
Couleur :	Noir ou brun foncé
Longueur :	1 m-1,40 m
Hauteur :	70 cm à l'épaule
Poids :	Jusqu'à 65 kg
Localisation :	Assam, Manipur, Birmanie, Laos, le sud de la péninsule malaise, Sumatra, Bornéo

QU'EST-CE QU'UN OURS DES COCOTIERS ?

C'est le plus petit des ours. Il est étroitement apparenté à l'ours à collier mais il ne réside que dans les forêts pluviales des tropiques. Il est noir ou marron foncé, avec le museau et le menton fauve ou beige et un grand croissant pâle sur la poitrine, comparé au soleil levant. Ses grosses pattes de devant, munies de longues griffes pointues, lui servent pour grimper aux arbres, creuser des trous, arracher le bois. Il n'a pas de poils entre les coussinets des pattes.

OÙ LE RENCONTRE-T-ON ?

L'ours des cocotiers vit dans les forêts pluviales du Sud-Est asiatique : nord-est de l'Inde, Birmanie, Thaïlande et Vietnam, jusqu'à la péninsule malaise, Sumatra et Bornéo. Mais, sur ces territoires immenses, il n'en subsiste probablement que quelques milliers. Chaque ours des cocotiers a besoin de beaucoup d'espace pour vivre et la destruction des forêts pour le commerce du bois et l'agriculture ont altéré ou même supprimé une large part de son habitat d'origine. Il dort le jour, et s'active la nuit, si bien qu'il n'est pas facile à voir à l'état sauvage. On le rencontre aujourd'hui plus facilement dans un zoo ou un parc d'attraction.

Pas plus gros qu'un gros chien, l'ours des cocotiers est massif, trapu, avec un pelage court et doux. Il a de petites oreilles, un nez court, la tête et le corps noir ou brun foncé avec un « masque » clair sur le museau, autour des yeux et sur le menton. Indéniablement de la famille des ours noirs (baribals et ours à collier), il se distingue par sa grande tache claire sur la poitrine, qui varie de taille.

L'ours des cocotiers vit dans la forêt pluviale tropicale où le sous-bois est si dense, si humide, et la terre en dessous tellement gorgée d'eau que se déplacer au niveau du sol est difficile. Beaucoup de gros animaux, dont les ours des cocotiers, vivent surtout dans les arbres.
Les arbres de la forêt tropicale sont couverts d'épiphytes (des plantes qui poussent dessus) et garnis de lianes et de plantes grimpantes, dont beaucoup produisent des fleurs et des fruits. Dans ces riches jardins naturels, l'ours des

cocotiers trouve à se nourrir toute l'année. Il s'installe dans les arbres où il se fabrique des sortes de perchoirs ou de niches au milieu des branches. Il y dort aux heures chaudes de la journée, pour commencer à s'activer le soir, et il se nourrit la nuit.
Le régime alimentaire de l'ours des cocotiers n'est pas uniquement végétarien. Il mange aussi des insectes, des lézards, oiseaux et petits mammifères qu'il attrape dans les branches des arbres. Quant aux nids d'abeilles et de fourmis, il les démolit à coups de griffes et en vide le contenu avec ses pattes ou sa langue.

ENNEMIS

L'ours des cocotiers adulte connaît peu d'ennemis dans la forêt. Il est assez puissant pour se défendre contre n'importe quel prédateur qu'il pourrait rencontrer en haut des arbres. Comme ses petits, il est davantage vulnérable au sol. Les oursons peuvent être la proie de tigres ou autres gros félins, et sont quelquefois avalés par des serpents. Pourtant, sa principale menace de danger lui vient de l'homme, quand, marchant en reniflant le long des pistes forestières, il risque de se prendre dans le nœud d'un collet posé par les habitants de la région pour capturer des marcassins. Il lui arrive de pénétrer dans les plantations et de ravager les arbres.

Maladroit sur ses pattes arquées, l'ours des cocotiers se sent beaucoup plus à l'aise dans les arbres au milieu des branches.

REPRODUCTION

On connaît mal la reproduction des ours des cocotiers et le developpement de leurs petits. Les saisons n'existent pas dans la forêt ; ils s'accouplent et mettent bas toute l'année.
Les oursons naissent par deux, dans une tanière aménagée au sol. Ils ne pèsent à la naissance qu'environ 350 g, sont aveugles, presque sans poil, sans défense, et très dépendants de leur mère pendant au moins trois à quatre semaines. Dès qu'ils sortent de la tanière, ils apprennent très vite à grimper aux arbres. Ils restent auprès de leur mère pendant au moins un an, peut-être plus.

Ours domestiques

En raison de leur petite taille, les ours de cocotiers ont souvent été domestiqués. Des petits âgés de quelques semaines, pris dans leur tanière, se vendent un bon prix sur le marché. On les élève facilement avec des produits courants tels que lait en conserve, pain, farine, miel, légumes. Ils s'attachent rapidement à la personne qui les nourrit et les soigne, et deviennent affectueux. Ils accourent quand on les appelle, ils s'habituent à la maison, et il est très amusant de jouer avec eux ou simplement de les observer. Cela reste vrai tant qu'ils sont petits. Après quelques mois déjà, à la moitié de leur croissance, ils deviennent très puissants et éprouvent leur force en arrachant les souches d'arbres, en rongeant les branches, et en creusant des trous avec leurs griffes dans le sol dur et rocheux. Quand les jeunes s'exercent ainsi sur les meubles de la maison ou dans le jardin, ils ne tardent pas à provoquer des dégâts et doivent être surveillés. En laisse, ou en cage, seul et privé de la liberté de se promener à sa guise, l'ours des cocotiers frustré devient irritable et indocile. Il n'est plus le gentil petit ourson qui faisait la joie de tous, et coûte cher. Ses maîtres doivent alors se débarrasser de lui. L'abandonner dans la forêt peut être une solution mais elle n'est pas souhaitable. À l'état sauvage, un ourson d'un an suit encore sa mère et tire chaque jour les leçons de son expérience. Seul, il

Ours des cocotiers dans un zoo, Thaïlande.

est très vulnérable face aux autres ours et aux prédateurs. S'il n'est pas tué il risque de mourir de faim, n'ayant pas appris à se nourrir.
Autre solution : l'ourson domestique est souvent vendu à un cirque ou à un zoo, ce qui est peut-être encore plus cruel car tous les propriétaires ne s'occupent pas bien de leurs animaux et le malheureux ourson risque d'endurer des années de captivité, de malnutrition, de mauvaise santé et de frustration. Quel réponse apportée à cette

Propriétaire caressant un jeune ours des cocotiers à la moitié de sa croissance.

question ? Ne pas prendre d'oursons chez soi comme animaux domestiques et tout faire pour empêcher que des ours – et autres animaux sauvages – soient vendus ou achetés comme des jouets.

OURS À LUNETTES

Ours arboricole, au pelage sombre, des forêts andines. Son habitat se rétrécit à mesure que la forêt est exploitée pour le commerce du bois.

INFORMATIONS

Type :	Carnivores (carnassiers)
Famille :	Ursidés (ours)
Nom latin :	*Tremarctos ornatus*
Couleur :	Noir ou brun foncé avec des marques blanches ou claires sur la face, la gorge et la poitrine
Longueur :	1,30 m-2 m
Hauteur :	75 cm à l'épaule
Poids :	Jusqu'à 200 kg
Localisation :	Montagnes forestières du nord-ouest de l'Amérique du Sud

QU'EST-CE QU'UN OURS À LUNETTES ?

C'est un ours à poil long, brun-noir qui ne vit que dans les forêts du nord des Andes, la chaine de montagne située en bordure de la côte occidentale de l'Amérique du Sud. Il doit son nom aux motifs qui ornent le devant de sa tête. Il a presque toujours, en plus du menton et du museau blancs ou crème des bandes claires sur la face. Chez certains, elles forment des cercles autour des yeux, comme s'ils portaient de grandes lunettes de soleil.

OÙ LE RENCONTRE-T-ON ?

Les ours à lunettes vivent principalement dans les forêts du Venezuela, de Colombie, d'Équateur, de Bolivie et du Pérou. Quelques-uns ont été signalés au Nord, à Panama et au Brésil, et au Sud, en Argentine. Ils sont probablement encore très nombreux, même s'ils sont devenus plus rares qu'autrefois, mais ils sont difficiles à voir dans la forêt épaisse. On les rencontre plus facilement dans les parcs et les réserves.

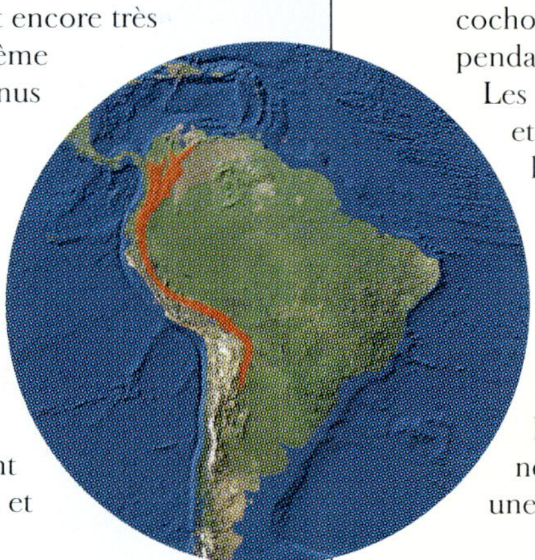

L'ours à lunettes doit son nom à des lignes claires sur le visage. Chez certains, ces lignes forment un cercle autour de chaque œil comme une paire de lunettes. Chez d'autres, le dessin est moins net, mais tous présentent des marques claires. C'est la seule espèce d'ours en Amérique du Sud. Elle partage des traits communs avec celle des ours noirs d'Amérique. Il y a plusieurs milliers d'années, les ancêtres des baribals ont en effet traversé l'isthme de Panama pour se répandre dans les riches forêts du Sud. On connaît mal le mode de vie des ours à lunettes. La plupart vivent entre 1 800 et 2 800 m d'altitude, dans les forêts denses et les prairies de haute montagne environnées de sommets. Ils passent le plus clair de leur temps dans les arbres, à manger des feuilles, des pousses et des fruits. Parfois, il ouvrent les tiges de palmiers ou autres plantes ligneuses pour en sucer la moelle tendre du cœur. Ils sont réputés pour se nourrir essentiellement de végétaux et ceux qui vivent dans les zoos paraissent se contenter d'une régime végétarien. Pourtant ils mangent probablement aussi des insectes et un peu de viande.

Dans les arbres, l'ours à lunettes se construit un nid rudimentaire fait de feuilles et de branches entrelacées. Leurs amours et leur reproduction nous sont mal connus. Dans une tanière sur le sol, la femelle met au monde une portée de 1 à 3 petits, pas plus gros qu'un cochon d'Inde, et ne les quitte pas pendant les premières semaines.

Les oursons continuent de courir et de grimper aux arbres avec leur mère pendant au moins un an.

La vaste étendue des forêts des Andes abrite probablement plusieurs milliers d'ours à lunettes, mais certains biologistes les considèrent néanmoins comme une espèce en péril.

Forêt de montagne

Les ours à lunettes vivent dans une immense étendue de forêts qui couvre, presque sans interruption, les montagnes d'au moins six pays d'Amérique du Sud. Ces forêts sont traversées par des vallées fluviales encaissées et bordées de prairies, que les ours et toutes sortes d'animaux fréquentent également.
S'ils se plaisent dans des habitats très divers, allant des basses collines presque désertiques à la zone de végétation rabougrie de haute montagne, à 4 300 m au dessus du niveau de la mer, leur préférence va à l'épaisse et humide forêt « nuageuse », la *selva nublada*, type de forêt complexe, qui se développe à haute altitude, dans beaucoup de zones montagneuses des tropiques, au milieu des nuages. Son altitude varie selon les régions mais se situe généralement entre 1 200 et 2 400 m environ.
Dans cette forêt « dans les nuages » la fraîcheur de l'air et l'humidité constante créent de très bonnes conditions pour la croissance des arbres mais aussi de centaines d'épiphytes – mousses, lichens, fougères et orchidées – qui poussent sur les troncs et les branches des arbres. Ces forêts offrent donc un très riche habitat, avec une vie végétale extrêmement abondante à toutes les altitudes, et pendant toute l'année. Les ours qui grimpent aux arbres y trouvent un excellent environnement.
Heureusement pour les animaux, les hommes n'aiment pas vivre dans ces forêts « nuageuses » qu'ils trouvent trop froides, trop humides et impropres à la culture des céréales. Bien que défrichées pour le commerce du bois, le tracé de chemins et l'extraction de minerais, elles sont donc moins exploitées que les forêts plus accessibles des basses altitudes.

Ours à lunettes dans la forêt, se nourrissant au sol.

UNE ESPÈCE EN PÉRIL

Les biologistes craignent que l'ours à lunettes ne soit en voie de disparition. Ils le comptent parmi les espèces « menacées ». Selon eux, le nombre d'ours qui meurent n'est pas compensé par les naissances, si bien que leur nombre diminue chaque année.
Pourquoi meurent-ils en si grand nombre ? Peut-être en raison de modifications naturelles : dans le passé beaucoup d'espèces ont disparu à cause d'un changement de climat, d'un manque de nourriture ou d'une catastrophe naturelle.
C'est cependant dans les endroits où les ours à lunettes sont en contact étroit avec l'homme qu'ils disparaissent le plus rapidement : là où leur forêt est défrichée et où ils sont tués pour leur chair. Peut-on les sauver ? Pour plus d'informations, lire pages 40-41.

MOTIFS FACIAUX

Pratiquement tous les ours à lunettes présentent des bandes de fourrure blanche ou crème sur la face, mais qui ne forment pas toujours les « lunettes » complètes. La plupart montrent de larges bandes claires de part et d'autre du nez, qui descendent sous les joues. Ils possèdent en général aussi des lignes claires sous le menton. Chez certains individus, ces bandes remontent au-dessus des yeux en forme de « sourcils ». Parfois, les lignes sous les joues remontent vers l'extérieur de la tête. Chez quelques-uns seulement l'extrémité des bandes se rejoignent pour former des anneaux complets autour des yeux.

GRAND PANDA

Ce n'est ni un panda, ni un géant, ni même tout à fait un ours mais il est l'emblème de la préservation de la faune et de la flore dans le monde entier.

INFORMATIONS

Type :	Carnivores (carnassiers)
Famille :	Ursidés (ours)
Nom latin :	*Ailuropoda melanoleuca*
Couleur :	Noir et blanc
Longueur :	1,20 m-1,50 m
Hauteur :	75 cm à l'épaule
Poids :	Jusqu'à 140 kg
Localisation :	Montagnes du sud-ouest de la Chine

QU'EST-CE QU'UN GRAND PANDA ?

Animal à long poil qui ressemble à un ours, apparenté aux ours bruns et noirs, il ne vit que dans le sud de la Chine. Son pelage est blanc crème sur le corps et noir sur les pattes avec une grande bande noire sur le dos. Il a des oreilles rondes et noires, le nez noir et les yeux cernés de noir. Il a le museau court et une petite queue. Ses pattes de devant sont munies de coussinets.

OÙ LE RENCONTRE-T-ON ?

Autrefois, le grand panda vivait dans la forêt, dans tout le sud de la Chine et en Birmanie. On ne le rencontre plus aujourd'hui qu'en Chine – dans les montagnes du nord et du centre du Sichuan, à la frontière méridionale de la province de Gansu et dans les monts Chinling de la province de Chen-si. Il vit surtout dans les épais peuplement de bambous, une solide plante herbacée pouvant atteindre la taille d'un arbre. Les grands pandas ne sont pas très nombreux, et ils sont difficiles à localiser.

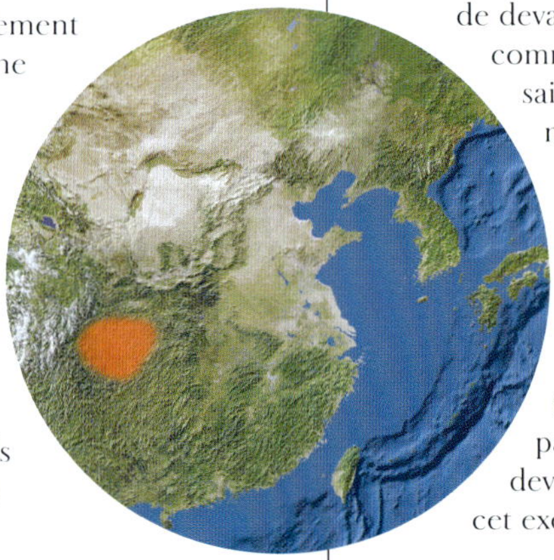

Ce mammifère à la silhouette arrondie, ressemblant à un ours, est bien connu des Chinois depuis des milliers d'années, mais il reste assez nouveau pour le grand public d'Europe et d'Amérique.

Le grand panda ne vit que dans quelques régions de forêts montagnardes, fraîches et humides, à la végétation dominée par le bambou. Il se nourrit des jeunes pousses qui croissent dans les bouquets de bambous, mais aussi de tiges et de feuilles. Il est doté de robustes et larges molaires (dents broyeuses). La fourrure de sa large tête masque un crâne aux os solides et des muscles des mâchoires puissants - véritable « moulin » à moudre et à déchiqueter les éléments végétaux. Principalement végétarien, il chasse et mange aussi des souris, des rats, des insectes et du poisson.

Le grand panda se déplace presque exclusivement au niveau du sol, escaladant les broussailles et se frayant un chemin dans les bouquets de bambous, où il s'assied bien droit pour manger. Il est doté de curieux coussinets dans la paume des pattes de devant, dont il se sert comme de pouces pour saisir des tiges minces et les tirer vers lui. Les jeunes grimpent aux arbres pour s'amuser et pour grignoter des pousses tendres. Les grands pandas plus âgés sont devenus trop lourds pour cet exercice d'acrobatie mais grimpent encore aux arbres pour échapper aux prédateurs.

L'habitat des grands pandas, dans la forêt épaisse, complique leur étude et leur dénombrement. Les biologistes les comptent parmi les espèces en péril bien que le gouvernement chinois leur assure une protection officielle.

Un animal nouveau

REPRODUCTION

Le grand panda vit seul et n'accepte de compagnie que pour s'accoupler. La saison des amours a lieu au printemps et les petits naissent à l'automne. Ils sont deux, ne pèsent pas 100 g, sont aveugles pendant six semaines et ne commencent à bouger qu'à la 10e ou 11e semaine. La mère s'occupe attentivement d'eux dans la tanière, puis les emmène arpenter la forêt parfois pendant deux ans.

Les scientifiques européens ont découvert le grand panda quand, en 1869, un missionnaire français, le père Armand David, envoya de Chine un colis qui contenait une fourrure blanche et noire, achetée auprès d'un paysan. Bien que taxinomiste averti, il n'avait pas su l'identifier et pensait avoir découvert un nouveau genre d'ours.
À Paris, les scientifiques du Museum ne furent pas de cet avis. Ils le rattachèrent aux Procyonidés, autre groupe de mammifères carnivores incluant le raton laveur, le petit panda, le kincajou. Sans être de très grande taille, il était plus gros que les autres pandas connus et prit donc le nom de « grand panda ».
Des explorateurs européens virent pour la première fois des grands pandas à l'état sauvage lors d'une expédition en Chine, en 1913. En Occident, le premier panda vivant fit son apparition en 1936 aux États-Unis, dans le zoo de Chicago. Le zoo de Londres reçut son premier grand panda en 1938. Très appréciés, les grands pandas furent importés en plus grand nombre de Chine dans les années 50 et 60, généralement comme présents de la part du gouvernement chinois.
Les essais de reproduction en captivité ont rarement abouti, et presque tous les grands pandas que l'on peut voir aujourd'hui viennent directement de la forêt.

BAMBOUS

Il existe plusieurs sortes de bambous, plante qui pousse en bouquet comme de l'herbe haute et raide. Les piquets de bambou qu'utilisent les jardiniers sont des tiges séchées de la même plante. Il en existe de plus grosses encore, employées dans les pays d'Asie comme matériau de construction. Les grands pandas, les cervidés, les rats, les souris, etc. se nourrissent de cette plante, dont ils arrachent les jeunes pousses tendres.

LES PANDAS ET LA FAMILLE DES OURS

Les scientifiques ne sont pas unanimes sur le nombre d'espèces d'ours vivantes aujourd'hui, ni sur le nombre de celles qui se sont éteintes. En effet, les ours se ressemblent fondamentalement beaucoup tout en étant très différents de couleur et de taille selon la région où ils vivent. Ainsi, selon certains, il n'existe qu'une espèce d'ours brun, *Ursus arctos*, qui s'étend largement en Amérique du Nord, en Europe et en Asie ; les kodiaks et les grizzlys n'en seraient que des variantes locales, comme d'autres variétés d'ours, grandes et petites, à travers le monde. Pour d'autres au contraire, il existe des dizaines de différentes espèces d'ours bruns, y compris plusieurs sortes de grizzlys et de kodiaks, qui constituent chacune une espèce à part méritant un nom particulier.
Pareillement, les ours noirs peuvent être regroupés en une seule espèce, *Ursus americanus*, ou bien subdivisés en plusieurs dizaines d'espèces locales. On peut aussi les diviser en deux espèces : les baribals d'Amérique et les ours à collier d'Asie.
Cependant, la plupart des scientifiques s'accordent pour dire que tous les ours bruns, qu'ils soient européens, asiatiques ou américains, sont étroitement apparentés, et le sont aussi aux ours polaires. Les baribals et les ours à collier constituent un même groupe auquel, bien que d'une parenté plus éloignée, se rattachent les ours lippus, les ours des cocotiers et les ours à lunettes. Les ours des cavernes constituaient une des espèces d'ours géants qui existaient alors ; ils étaient peut-être plus proches des actuels ours bruns que des ours noirs.
Les grands pandas sont généralement considérés comme formant une espèce à part. Les premiers scientifiques qui les décrivirent pensaient ne pas avoir affaire à des ours ! Mais les examens sanguins ont récemment montré qu'ils étaient plus proches des ours que de tout autre mammifère, sans être spécialement apparentés à aucune des espèces actuelles.

L'OURS ET L'HOMME

Partout où ils s'opposent, l'ours est plus fort que l'homme, mais celui-ci est armé d'un fusil.

CHASSEURS ET PROIES

Les ours sont apparus pour se répandre dans le monde il y a environ 20 à 15 millions d'années. À l'époque, la terre était peuplée de grands singes mais pas d'hommes : notre espèce n'est apparue que plus tard. L'ours des cavernes, l'ours brun et l'ours noir se sont développés à peu près en même temps que les hommes. Ces ours tardifs vivaient principalement dans les forêts alors que les hommes occupaient les plaines. Les ours étaient probablement aussi herbivores ; les hommes, des chasseurs et lançeurs de pointes de silex.

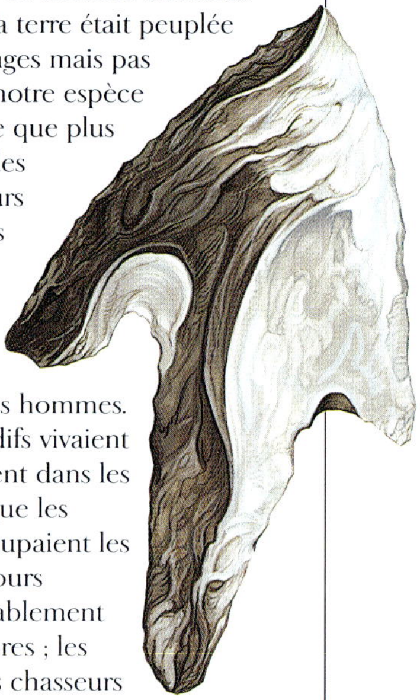

AGRICULTURE

Les hommes ont fait périr un grand nombre d'ours avec l'agriculture, en détruisant leur habitat. En Europe, jusqu'au Moyen Âge, la forêt est restée plus étendue que les terres cultivées. Ours et hommes cohabitaient. Des contes et des chansons évoquaient des histoires d'ours, représentés aussi dans les peintures. Ensuite, la population a augmenté, les forêts ont été réduites et les ours ont commencé à disparaître.

CHARBON DE BOIS

Au Moyen Âge, la consommation en charbon de bois, obtenu en brûlant partiellement du bois empilé, sans apport d'air, a été très importante pour le chauffage dans des poêles, la fonte de l'acier destiné aux épées et aux armures, et pour la fabrication de la poudre à canon. Dans les forêts, les bûcherons abattaient les arbres, qu'ils débitaient et empilaient en tas. Les charbonniers les transformaient en charbon de bois. Avant d'être remplacé par le charbon minéral, ce moyen de chauffage a entraîné la destruction de vastes étendues de forêts en Europe.

Au cours d'une période d'environ 20 millions d'années, les ours se sont répandus à travers l'Asie, l'Europe, l'Amérique du Nord et le nord-ouest de l'Amérique du Sud. Ils furent les rois de la forêt, d'où ils avaient colonisé, aux alentours, la toundra, la taïga et les pâturages de haute montagne. En s'adaptant, en modifiant leur comportement et leur morphologie en fonction des régions où ils allaient, ils se sont développés avec succès en adoptant des techniques diverses, simples mais efficaces, pour survivre dans des environnements aussi différents que les chaudes forêts tropicales et les mers glacées de l'Arctique.

Partout où les ours se sont installés, ils sont devenus l'espèce dominante. Sans être nécessairement les animaux les plus féroces, ils étaient généralement les plus gros et avaient donc peu à craindre des autres bêtes Ils sont ainsi restés les maîtres incontestés jusqu'à l'apparition de l'homme.

Les hommes sont des habitants des plaines plus que des forêts ; leur extension fit pourtant le malheur des ours. Légèrement plus corpulent que le plus petit des ours, l'homme s'est en effet révélé un rival dangereux et même le pire ennemi de l'ours. Il est plus intelligent et exige davantage d'espace et de ressources que les

ours aussi nombreux soient-ils. Les hommes ont commencé par chasser les ours pour leur chair. Puis, ils commencèrent, à bien plus grande échelle, à détruire leur habitat – les forêts où tant d'entre eux vivaient et dont beaucoup ne pouvaient se passer.
Partout où l'homme s'est répandu – en Europe, en Amérique du Nord et du Sud, en Inde, en Chine et dans toute l'Asie du Sud-Est –, cette triste histoire s'est immanquablement répétée. Et elle se poursuit aujourd'hui dans beaucoup de pays en voie de développement, pays pauvres, dont la population augmente rapidement et qui exploite les forêts pour vendre du bois et étendre les terres cultivables. Tant que les hommes restent peu nombreux, l'environnement est suffisant pour qu'ils puissent cohabiter avec les ours. Mais dès que la population humaine augmente, il n'y a plus assez d'espace pour les deux espèces. L'homme empiète sur la forêt et l'ours lui cède la place.

DRESSAGE

Pendant des siècles, des oursons ont été capturés pour être élevés et dressés, notamment à danser, à pousser des charrettes, ou à monter sur des tricycles. Les dompteurs qui les observent et les voient effectuer naturellement certains gestes, les habituent, au moyen de récompenses et de punitions, à les exécuter au doigt et à l'œil. À l'état sauvage, l'ours, embarrassé ou inquiet se met parfois à se dandiner et à sautiller. Les dompteurs apprennent donc aux ours à faire de même au son de la trompette ou du tambour, de sorte qu'ils paraissent « danser ». Ils se servent aussi de leurs pattes pour attraper des objets. Pour faire rire les spectateurs, les dompteurs les costument et leur font agiter des drapeaux, tenir un pistolet ou un rouleau à pâtisserie.

L'ours et nos ancêtres

Dans les sociétés primitives, l'ours vivant était considéré comme un danger mais, tué, il fournissait à la famille ou au village tout entier de la viande, de la chaleur, des peaux confortables. Il était donc perçu comme habité par un esprit bienfaisant, libéré lorsque l'ours acceptait de mourir. À la chasse, il était donc important de s'adresser poliment à l'ours avant de le tuer si cela était absolument nécessaire, de sorte que l'esprit ne puisse s'en offenser. Que ce soit en Europe méridionale, en Sibérie ou en Amérique du Nord, les premiers chasseurs respectaient beaucoup les ours qu'ils représentaient dans des peintures rupestres, et des sculptures d'argile, et dont ils enterraient soigneusement les os dans des tombes. Peut-être était-ce parce que l'ours, dressé sur ses pattes de derrière, ressemble à un homme très grand et fort – qualités que les villageois auraient aimé reconnaître chez leur chef ou leur seigneur ? Ainsi, certaines familles tiraient leur nom de l'ours, et l'adoptaient comme emblème. Avec sa peau très résistante, les hommes se fabriquaient des boucliers et des vêtements chauds et protecteurs. Les Aïnous, notamment, habitants du Japon, vénéraient les ours noirs comme des animaux sacrés. Ils capturaient des oursons qu'ils élevaient comme des membres respectables de leur famille et qu'ils engraissaient avant de les tuer au cours de cérémonies spéciales. Quiconque mangeait de la chair de l'ours sacré absorbait une part de son esprit.
Aujourd'hui, beaucoup de Chinois pensent que certaines parties de l'ours, comme sa chair, ses os, sa graisse, sa bile ou sa fourrure possèdent des vertus médicinales et revivifiantes.

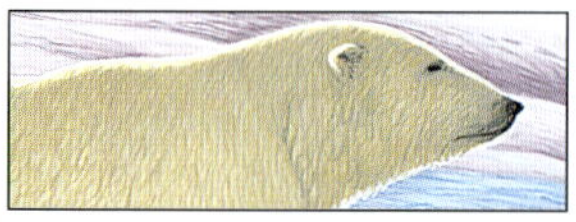

LES OURS EN PÉRIL

Quelles sont les espèces d'ours les plus menacées ?

D'après nos connaissances actuelles, aucune espèce d'ours n'est actuellement menacée rapidement d'extinction totale. Mais, plusieurs espèces ont été dispersées en petites populations ou groupes locaux dont certains connaissent peut-être de sérieuses difficultés à survivre. En particulier :

- Les ours bruns, dans toute l'Europe et de nombreuses régions d'Asie, qui sont répartis en petites populations éparses – plusieurs groupes parmi les plus restreints sont menacés de disparition.
- Plusieurs petites populations de grizzlys – espèces, sous-espèces ou variétés intéressantes – sont réduites à des groupes très restreints, peut-être menacés de disparition.
- Les ours lippus en Inde et au Sri Lanka, où la déforestation et la chasse en ont, très récemment, réduit le nombre ; il n'en subsiste que de petits groupes épars, mal connus, et dont certains sont trop restreints pour survivre.
- Les ours des cocotiers d'Asie du Sud-Est et les ours à lunettes d'Amérique du Sud, qui sont sans doute menacés du même sort car les hommes empiètent de plus en plus sur leur habitat forestier.
- Même les grands pandas, symbole mondial de la préservation des espèces, sont maintenant dispersés en petites populations très certainement menacées.

Beaucoup de populations d'ours nous sont trop mal connues pour que nous puissions déterminer si elles sont ou non menacées de disparition. Toutefois, on peut présager que dans les régions où la population humaine s'étend, les ours sont en recul.

EXTINCTION

Aucune espèce n'est éternelle. Régulièrement, des espèces autrefois très répandues, se raréfient avant de disparaître et de céder la place à d'autres. Jusqu'à une époque récente, la plupart des disparitions d'espèces étaient dues à des facteurs naturels. Les dinosaures et les ptérodactyles qui dominaient autrefois le monde, ont disparu à cause de changements naturels du climat et de la végétation. C'était bien avant l'entrée en scène des hommes. Aujourd'hui, quand une espèce disparaît, on en rend immédiatement les hommes responsables. Pourquoi ? Parce que la population humaine a considérablement augmenté au cours des dernières décennies et que l'on sait combien nos activités ont modifié l'environnement. Cependant, des causes naturelles du type de celles qui ont provoqué la disparition des dinosaures continuent de se

produire et d'affecter plantes et animaux. Quand une espèce commence à devenir rare, et qu'on veut la protéger pour qu'elle survive, il faut donc commencer par l'étudier et connaître son mode de vie. Ensuite, il convient de déterminer les causes du changement et y remédier. Ce n'est qu'après avoir effectué ce travail qu'on peut décider s'il s'agit de causes naturelles ou dues aux activités humaines. Dans le cas de causes naturelles, il n'y a généralement pas de remède. Mais dans le cas de nuisances humaines, on peut interdire ou modifier les activités en cause, et vérifier ensuite que l'espèce se multiplie bien à nouveau.

Ours en péril

CRÉATION D'UN LOGO

Le WWF (à l'origine le World Wildlife Fund) appelé aussi aujourd'hui le World Wide Fund for Nature, est l'organisation mondiale la plus connue pour la défense et la préservation de la faune et de la flore. Elle fut créée à Londres en 1961. Les membres de l'association décidèrent de la nécessité d'utiliser un logo – motif simple en noir et blanc pour marquer le papier à lettres et les affiches d'un signe reconnaissable par tous comme le symbole du WWF et de ses activités.
À l'époque, le deuxième grand panda du zoo de Londres, appelé Chi-chi, attirait les foules. Tous les jours, ses moindres gestes faisaient l'objet d'un compte rendu dans le journal. Un membre du comité du WWF réalisa un dessin au trait de Chi-chi ; un autre – Peter Scott – l'encra, et l'entoura d'un cercle : le grand panda était devenu le logo du WWF.

WWF ©

Quels sont les ours actuellement menacés en raison de la chasse ou de la destruction de leur habitat, et quels sont ceux protégés ?

Ours bruns d'Eurasie – Il en reste très peu en Europe occidentale. Populations locales en Espagne, en France et dans d'autres pays d'Europe qui nécessitent une surveillance vigilante. La protection permanente dans les parcs et les réserves est aussi importante. En Asie, ils sont probablement encore très nombreux dans les forêts reculées. Mais ailleurs, ils sont en recul devant l'expansion de la population humaine.

Ours bruns de Sibérie – Mal connus, ces ours sont répandus dans de vastes zones de forêt relativement intactes. Bien que chassés et délogés en certains endroits par les industries, ils paraissent survivre assez bien.

Grizzlys – Certaines populations locales ou sous-espèces sont en diminution croissante. Tous nécessitent une protection permanente dans des parcs ou des réserves.

Kodiaks – Bien traités. L'espèce semble nombreuse et protégée par des règlements de chasse.

Ours polaires – Relativement à l'abri des incursions de l'homme. Les groupes sont protégés par un accord international, et semblent prospères.

Baribals – Les groupes qui subsistent semblent nombreux et bien protégés par les règlements de chasse.

Ours à collier – Sans doute encore très nombreux dans certaines régions forestières reculées. Mais d'autres populations plus réduites sont menacées quand elles se heurtent à l'expansion de la population humaine. Ils nécessitent des études plus approfondies, une surveillance et une protection accrues.

Ours lippus – Ce sont peut-être les ours les plus menacés de la planète. Leur population semble avoir accusé un sérieux déclin ces dernières décennies sous la pression grandissante des hommes. Ils sont peut-être encore nombreux dans certaines forêts. Il faut impérativement les étudier, les surveiller et les protéger.

Ours des cocotiers – Une espèce très répandue. Ils sont sans doute encore nombreux dans des régions intactes, mais risquent d'être menacés par l'expansion des activités humaines.

Ours à lunettes – Encore très nombreux en Équateur et dans les régions d'épaisses forêts encore préservées, ils sont menacés dans d'autres pays comme au Pérou où les activités des hommes empiètent sur la forêt.

Grand panda – Bien que protégés par la loi, plusieurs petits groupes sont certainement menacés par la chasse et par les changements survenus dans les forêts, tant naturels que provoqués par l'homme.

QUE FAIRE ?

Voici ce que chacun peut faire :

- Appartenir à une association nationale ou internationale de défense de la faune et en particulier des ours. Voir adresses page 44.
- Aider l'association à recueillir des fonds destinés à la recherche sur les ours et à soutenir des projets en vue de leur protection.
- Apprendre à mieux connaître les ours, en lisant des livres, en regardant des films et des vidéos ; parler des ours à ses amis. Convaincre le plus de personnes possibles de s'engager à les défendre.
- Ne pas oublier que dans les pays où se trouvent les ours, la population est quelquefois très pauvre, et ne mérite aucun reproche pour négliger ou tuer les ours. Défendre les organisations qui favorisent la coexistence de l'homme et de l'ours.
- Quand on habite un pays qui abrite des ours, encourager le gouvernement, les autorités locales, et les habitants à respecter la faune et la flore, et en particulier les ours.
- Aller visiter des parcs et des réserves où vivent des ours. Se renseigner auprès du directeur du parc, des gardes et des guides sur le nombre d'ours qui s'y trouvent, sur leur espèce, leur état de santé, et les endroits où l'on peut les apercevoir.

SAUVER LES OURS

Après un passé plutôt lourd peut-on leur promettre un avenir meilleur ? Voici quelques initiatives prises en faveur des ours bruns d'Europe.

LES OURS BRUNS D'EUROPE : ÉTAT DE LA SITUATION

Au cours des cinq derniers siècles, les vastes étendues de forêts qui couvraient l'Europe occidentale presque sans discontinuité se sont considérablement réduites. Les quelques zones boisées qui subsistent sont traversées par des routes, des canaux et des chemins de fer ou divisées par des clôtures. En conséquence, dans les forêts d'aujourd'hui, les ours et autres bêtes sauvages ne peuvent plus circuler librement. Il faut une forêt suffisamment étendue pour qu'y vive un ours brun. Les ours dont elle est l'habitat sont moins nombreux. Les ours bruns d'Europe les plus favorisés sont ceux des pays encore forestiers d'Europe de l'Est. Ces pays comptent la Russie à l'est des monts Oural, la Biélorussie, l'Estonie, la Lettonie, la Lituanie, la Moldavie et l'Ukraine, qui abritent au total environ 30 000 à 40 000 ours bruns. Les pays d'Europe du Sud-Est encore couverts de vastes forêts comme la Bulgarie, la République tchèque, la Roumanie, la Slovaquie et l'ancienne Yougoslavie, comptent une population totale d'environ 8 000 ours bruns. Les pays scandinaves – Suède, Norvège et Finlande – n'en accueillent que 1 000. Et, dans les zones plus tempérées, de la Pologne à l'est de la France et à l'ouest des Pays-Bas, ils sont probablement moins de 400, répartis en petits groupes très éloignés les uns des autres.

QUELLES ACTIONS ONT DÉJÀ ÉTÉ ENTREPRISES ?

Dans les pays forestiers d'Europe de l'Est, les ours resteront en sécurité à condition que les forêts soient protégées, que la chasse soit réglementée et que les fermiers établis à la lisière de la forêt soient autorisés à défendre leurs cultures ou indemnisés quand ils ont subi des dégâts Il faut que les gouvernements autant que les habitants de tous les pays soient fiers de leurs ours et désireux de les protéger.
Partout ailleurs, en Europe, les ours sont menacés. Les protéger n'est pas facile. De nombreux pays sont concernés, qui n'ont pas les mêmes réglementations et dont les populations n'ont pas les mêmes réactions vis-à-vis des ours. Certains veulent les protéger, d'autres les tuer parce qu'ils détruisent leurs biens, notamment à la proximité des fermes.
Le World Wildlife Fund (WWF) s'efforce depuis des années de collecter des fonds pour défendre la faune et la flore. Un important projet, la « Large Carnivore initiative for Europe » a été lancée en 1995 pour tenter de protéger, entre autres, les ours.

Le projet de défense des carnivores

Le WWF a compris que tous les grands animaux des forêts d'Europe souffraient du même mal : la réduction de leur habitat. Ce qui convient à une espèce est donc susceptible d'être aussi favorable à une autre.

L'organisation s'est aussi aperçue que, dans tous les pays d'Europe, il existait de petites associations qui chacune de son côté travaillaient à la défense de ces animaux, les unes en essayant de mieux connaître leurs modes de vie, les autres en protégeant ou en replantant des arbres, en promulgant des lois qui réglementent la chasse, en militant contre la dégradation de l'environnement, ou bien en enseignant aux enfants et aux adultes à respecter la nature. Toutes ces associations réalisent un travail efficace mais isolé. Le projet du WWF vise à coordonner ces différentes activités, à unir les efforts entrepris, conseiller, échanger des idées, concevoir des plans d'actions et d'organisation, enfin à réunir des fonds pour financer les interventions nécessaires.

ACTIONS

Dans le cadre de cette initiative, le WWF a conçu plusieurs projets d'intervention dans les Alpes, les Carpates, les pays des Balkans, les Pyrénées, l'Espagne, le Portugal et les pays scandinaves, autant de régions où de petites populations d'ours sont menacées.
Une projet d'action spécial pour la protection des ours a aussi été mis en place. Un petit nombre d'ours a été transféré de régions où ils sont nombreux dans des zones où ils vivaient autrefois et où ils pourront probablement survivre s'ils sont protégés.

GLOSSAIRE

Savez-vous maintenant reconnaître les différentes espèces représentées ici ? (réponses en bas de la page)

Adaptation Modification du comportement ou de la morphologie pour mieux survivre

Agressif Susceptible d'attaquer

Arctique Région de neige et de glace autour du pôle Nord, qui comprend l'Alaska, le Canada, le Groenland, la Scandinavie du Nord et la Sibérie, ainsi que l'océan Arctique et les mers avoisinantes

Canines Longues dents de devant, pointues, disposées de part et d'autre de la mâchoire

Carnassières (dents) Dents plates et aiguisées, disposées de chaque côté de la mâchoire, dont la fonction est de trancher la viande

Débâcle Rupture de la couche de glace au moment du dégel

Décidu (arbre) Arbre qui perd ses feuilles à l'automne et en développe de nouvelles au printemps

Déforestation Destruction de la forêt

Densité Nombre d'animaux au kilomètre carré

Digestif (système) Partie du corps de l'animal où les aliments sont broyés et absorbés (bouche, gorge, estomac, intestins, etc.)

Dominant Caractère de l'individu le plus important, capable de s'imposer aux autres

Épiphyte Plante qui pousse sur d'autres plantes

Espèce Genre d'animal ou de plante aux caractéristiques particulières

Fluviale (forêt) Arrosée par un cours d'eau

Fossile Reste ou empreinte de plante ou d'animal transformés en pierre

Fouir Creuser le sol à la recherche de nourriture

Frai Ponte des œufs par la femelle des poissons, fécondation de ces œufs par le mâle

Gravide En gestation, qui porte un embryon dans son ventre

Habitat Lieu où vit un animal ou une plante

Herbivore Qui se nourrit principalement de végétaux

Hibernation Long sommeil hivernal au cours duquel la température du corps s'abaisse pour s'approcher de la température de l'air environnant

De haut en bas : kodiak, baribal, ours polaire, ours à lunettes

Lande Terres sèches et froides des régions arctiques où peu de plantes parviennent à pousser

Larves Forme embryonnaire des batraciens, insectes, poissons, etc.

Léthargie hivernale Sommeil léger sans chute de la température du corps (voir hibernation)

Médiéval Appartenant au Moyen Âge, datant de 600 à 1000 ans environ

Molaires Dents plates placées au fond de la mâchoire, dont la fonction est de broyer les aliments

Nutriments Composants chimiques ou alimentaires, essentiels à la santé

Omnivore Qui mange à la fois de la viande et des végétaux

Plantation Peuplement d'arbres plantés par les hommes en vue d'une récolte : noix de coco, cacao, huile de palme

Pluviale (forêt) Arrosée par des pluies abondantes

Polynya Voie d'eau navigable dans la banquise, souvent entretenue par les vents et les courants

Population Ensemble des animaux d'une même espèce qui vivent dans une zone particulière, quelquefois séparés géographiquement d'autres populations de la même espèce

Portée Ensemble des petits qui naissent en même temps

Prédateur Animal qui chasse, tue et mange d'autres animaux

Préservation Sauvegarde et protection d'espèces, généralement en protégeant leurs habitats

refuge zone de la forêt ou d'un autre habitat délimitée pour protéger certains animaux qui y vivent

surveillance ou monitorage, observation attentive pour évaluer les progrès effectués

taïga forêt de conifères qui borde la toundra en Amérique du Nord et en Asie

termites insectes comparables aux fourmis, qui vivent en colonies de milliers ou même millions d'individus, et construisent de vastes nids pour leurs œufs et leurs larves

toundra type de végétation constitué principalement d'arbustes rabougris et de plantes basses, qui pousse dans les régions arctiques et sur les sommets ; le même mot sert à désigner les terrains où pousse cette végétation

De haut en bas : ours à collier, ours brun de Sibérie, ours lippu, grand panda

INDEX

ADRESSES UTILES

Grizzly Discovery Center
P.O. Box 996
West Yellowstone, MT 59758,
États-Unis
Tél. : 00 1 800 257-2570
info @ grizzlydiscoveryctr.com

WWF
1250 Twenty-fourth Street NW
Washington DC
20037-1175, États-Unis
Tél. : 00 1 202 293-4800
Fax : 00 1 202 293-9211

WWF FRANCE
188, rue de la Roquette
75011 Paris
Tél. : 01 55 25 84 84
Fax : 01 55 25 84 74